変態紳士　目次

変態紳士【へんたいしんし】

高嶋政宏

ぶんか社

はじめに

「あれ？　誰も僕のこと見てないじゃないか。まったく注目されてない！　なんだよそれなら、もっと好きにやってやろう。どうせ、僕のことなんか、誰も気にしてないんだから……」

僕は2000年にスタートした東宝ミュージカル『エリザベート』に出演していた。ご存知の人もいるかとは思うけど、この『エリザベート』は、19世紀末のオーストリア帝国の皇妃・エリザベートが主役のフィクションです。僕の役どころは、無政府主義者のイタリア人、ルイジ・ルキーニ。エリザベートを暗殺する役で、この舞台全体の狂言回し（進行）の役も担っていた。

その舞台で、ことは起こったんです。

舞台上で演技をしていたわけだけど、ふとしたときにお客さんの席をなんとなく見たんです。そしたら、舞台を見に来ている人たちは、僕ではなく、ほぼみんな主役のエリザベートとトートを見ていた。もちろん、ずっとではないですよ。その一瞬だけかもしれない。でも、「僕のこと、誰も見てないんじゃないか」と、フッと強烈に思ったんです。

その日から、少しずつ僕に変化が出てきたんです。

2000年から2015年まで、僕はこのルキーニ役を演じ続けました。母（寿美花代）は宝塚歌劇団出身でミュージカルやヨーロッパの歴史にも明るいので、よき相談相手。そんな母にあるとき、打ち明けたことがありました。「舞台で3時間も歌い続け、台詞を喋り続けて、疲れ果てる。役を演じるうえでのいろいろな苦労話を、僕はもっと世間の人たちに伝えたい」と。そう僕が母に言うと、母は「いいじゃないの。見てる人は見てるんだから」と言うんです。つまり、「そんな苦労話はしなくていい。役者は余計なことは言わずに舞台で演じ切れ」ということなんだと。

昔は確かに、「役者は黙って演じていればいい」「演技がすべてだ」という風潮がありました。母が現役で宝塚にいたときなんて、「黙って演じる」という定説は絶対だったでしょう。今でもそう言う役者の大先輩はたくさんいます。でも、あの瞬間を味わった僕は、もうそんなルールはどうでもよくなっていたし、それじゃあ嫌だった。話したいし、伝えたい！　もっと知ってもらいたい！

さらに、同じタイミングで出演した東宝ミュージカル『レ・ミゼラブル』での現場では次のようなことも。上演場所は伝統ある帝国劇場。僕の役どころは主人公のジャン・バルジャンの宿敵、冷徹なジャベール。このミュージカルは、上演回数も多く、長年上演され続けていることもあってか、すべて演出が決まっていた。欄干を飛びこえて歌うシーンがありましたが（もちろん欄干は実際にはないのですが）、リアルに考えると、飛びこえるときに足元がおぼつかなくて絶対バランスを崩すと思ったんです。なので、僕は台本になかった「おっとっと」という振りを、自分なりに加えてみたんです。

僕は伝統や形式などにとらわれず、自分のアレンジを加えてみたくなっていた。そう、役者として舞台に上がるのだから、自分らしさを出してみたかったんです。だからこそ、ここは好きにやってみようと……。そしたら「『おっとっと』はやめてくれ」と、怒られてしまいました。「欄干を飛びこえているのに、バンッと立って歌うなんて、普通はそんなことはできない」とゴネてみたのですが、結果、次のシーズンから呼ばれなくなりました（笑）。でも不思議と「まぁしかたないか」くらいに思えたんです。

すべて、冒頭の『エリザベート』に出演して1年ほど経ったころに起こった出来事で。それまでは演出の仕方をそのまま受け入れたほうがいいのかもしれないとも思い、自分の意見や考えを押し殺してきました。でも、あのとき舞台で頭をよぎった感覚、「自意識過剰になるな。どんなにカッコつけても、誰も僕なんかに注目していない」っていうことを自分に言い聞かせたら、なんだかものすごくラクになったんですよ。一気に肩の荷が下りたというか。誰も見ていないんだったら、カッコつける必要もない。もういろいろ好きにさせてもらおうと、一気にフッ切れました。とにかく、自分が面白いと思うことは全部やってやると——。開き直りましたね、もう周りの目とかまったく気にならなくなっちゃったんですよ。

きっと、あの日、僕は「変態」になったんです。

変態を晒してからというもの、僕は生きていくのがずいぶんとラクになりました。今回、自分の半生を振り返ってみると、改めて、さまざまなことに悩み苦しんでいたんだと気が付きました。

そんな過去を見つめ直す作業は、今の僕を知ってもらえるだけではなく、同じように悩み苦しんでいる人たちの何かのヒントになるかもしれないという考えに至りました。僕が根本に持っていた「変態」を晒し出していく様を、自由になっていく軌跡を共有していただけたらと思っています。

第1章

遅すぎたSMとの出会い

はじめは役作りのつもりだった

今から約10年前、僕は石井克人監督、妻夫木聡主演の映画『スマグラー　おまえの未来を運べ』（2011年公開）に出演することが決まりました。僕の役は、組長の仇討をすべく息巻いている血の気の多いヤクザ。妻夫木くん演じる主人公・砧涼介を残虐に拷問する河島精二という役です。

撮影がはじまる前、僕は役作りのために、ドラマ『24』シリーズの主人公・ジャック・バウアーのような元ブラックSPに拷問の仕方を教えてもらっていたのですが、ブッ飛んだキャラクターだったこともあり、よりアブノーマルを求めて、ＳＭショーを見に行くことにしました。それまでにもＳＭショーを数回見たことはあったけど、役のために行ったことはない。僕もみなさんがイメージするように、ＳＭと言えば、縛られたり痛めつけられたり、またその逆もありきの非常にマニアックな趣味の人たちがやっていることで、怪しくて、いかがわしいというイメージを持っていました。当然、ＳＭ関係の知り合いもいない。でも、役作りのために、どうにか学びたいと思っていた矢先に偶然知り合ったのが、ＨＩＢＩＫＩさんという有名な女王様だったんです。

彼女は今も現役で名古屋のＳＭショーを見せる『アッシュ』に在籍しています。これがまた、普通の美人というだけでは形容できない迫力があるステキな女性なんですよ。ショービジネス業界に長く身を置く彼女はミュージカルなどの舞台が大好きで、チケットを取ってあげたところから、徐々に仲良くなり、一度ＨＩＢＩＫＩさんのショーを見に行くことになったんです。ちなみに僕が初めてＳＭショーを見たのは、博多の『シャドーフェイス』という店でした。その店が『バガボンド』という名前に変わり、今は西中洲に移動して『キンキーボックス』というＳＭバーになっています。ちょっとしたＳＭ豆知識です。

「これだ、これなんだ！」

バブル時代にはテレビ局にお金が潤沢にあったこともあり、贅沢にも全編ニューヨークロケのドラマにも出演させてもらいました。撮影が休みの日には、スタッフたちとトップレスバーに遊びに行くことも。そのときは、スタイルのよい若い女性がトップレスになっているし、そんな世界を見たこともなかったので、確かにいいなとは思いました。でも、なんだか「ふうん。まぁこんなもんか」程度の感想しか持たなかったんです。そして、日本に帰って来てからも、ポールダンスを見る機会もあって、すごいな、キレイだなとは思ったのですが、やっぱり特に感動はなかったんですね。どちらともハマるまでは行かなかった……。

でも、ＳＭショーを見たときには、「これだ！」と完全にキタんです。体中の細胞がさけび、「これだ、これなんだ！」と震えがくるほど、ビシッとハマったんですよ。「逆に、だから僕は今までどんなショーを見ても、ピンとこなかったんだ」と――。

最初に見たＳＭショーでは、舞台上で水をかけられて、素肌に白衣がピッタリくっついている女性（Ｍ女）が、首輪をつけられて四つん這いになっていました。その女性はアナルにバイブを突っ込まれて、それをＴバックで止められているんですね。異様な光景ですよ。女王様に「あんた、はじめてのお客さんに挨拶に行きなさい」と命令されたＭ女が、首輪をつけられたまま、這って僕のほうまで近寄って来る。僕は酒の勢いもあって「大丈夫なの？　痛くない？　（アナルバイブを）抜いてあげようか？」と、そのＭ女に軽い気持ちで言ったんです。そうしたらＭ女はキッと僕を睨みつけて、「やめてください！　好きでやってるんだから！」と（笑）。そのときに「大変失礼しました！　あぁ、そうか。この人たちはこういうプレイを好きでやってるんだな」って、それでまた感動したんですよ。申し訳ないですけど、Ｍ女に怒られちゃった瞬間も、それはそれで興奮しましたね。

それが、40代前半だったと思います。僕はついに長年潜在的に求めていた「これだ」と思うものに出合えた。確かに出合いは遅かったかもしれない。でも、物事をはじめるのに、早いも遅いもないんです！　その分、急ピッチで取り戻さなくては、という勢いも出てきますからね。

突然の出合い、それは必然なんです

ＳＭとの出合いは運命だと思いました。僕にとってのＳＭのように、誰もが「これだ」と思うもの、絶対にあると思うんですよ。まだ出合っていなくても。でもね、それって下調べをして、きちんと段階を踏んでいれば出合えるというものではなく、突然出合うものなんですよ、きっと。

詳しい話は後述しますが、僕は小学生のときにプログレッシブ・ロックとも運命の出合いをしています。それだって、急に友達の兄貴に「これいいから、聞いてみろ」と、渡されたレコードがきっかけ。自分がロック少年で、それまですごくレコードを持っていたわけでも、ロック雑誌を読んでいたわけでも、ロックについて調べていたわけでもなく、たまたまなんです。ＳＭも、役作りというフックはあったものの、女王様を紹介されて、たまたまショーを見に行ってみたら、ドンピシャだったんです。つまり、どうしたら見つかるかはわからないんです。偶然なんです。

そこで、わかったことがあります。雑誌や本、映画でもなんでもいいんですけど、何か心が動かされるものが目の前に来る瞬間って、誰でもあると思うんですよ。建築の雑誌でも、寿司職人の本でも、プラモデルなどでもいいですね。そのときに、「あ！　もしかしたら、これはちょっと面白いかも」と思って、きちんと立ち止まれるかどうかが大事ですよね。偶然をキャッチする力。これはもう、流行っているからとか、周りがやっているからとかじゃなくて、ただただ自分が好きかどうかに素直に従う。自分が好きなことならキャッチできます。そしてそういう場合は、「継続するためには」などという概念もない。好きでたまらないのですから、続けるとか、そういう話にはなりません。そこから先は、もう欲望に忠実に……。

僕には得意技がない！

そんなわけで、僕はここ10年ほどＳＭが大好きで、最近では公言しちゃっている。まったく隠す必要はないと思っています。バラエティ番組でも「ＳＭ好きだ」と話すくらいですから。そうなると、「ＳＭ好きってみんなに言ってるくらいだから、緊縛くらいできなきゃダメだよな」と思い立ちました。それで有名な緊縛師の先生が教えてくれる「緊縛初級講座」に入ったのですが、そのきっかけを作ってくれたのは、実は歌舞伎役者の片岡愛之助さんなんです。

２０１５年から、僕はテレビドラマ『刑事７人』シリーズに出演していました。そこで、共演した片岡愛之助さんと仲良くなったんです。愛之助さんから、「髙嶋さん、今度コラボしましょうよ。こないだ『タッキー＆翼』の翼くんがフラメンコ得意だから、歌舞伎とコラボしたんですよ。髙嶋さんの得意技って何ですか？」と聞かれたんです。えっ、得意技⁉　愛之助さんにこう聞かれて、僕はもう本当にギョッとして。改めて自分を省みることができました。だって、得意技ですよ？　普段自分の得意技について考えたことありますか？　僕と愛之助さんは役者同士だから、演技や歌を得意技と言うのは当たり前。ミュージカルでダンスはやったことがあるけど、子どものころからやっているわけでもない。ロック？　グルメ？　いや、歌舞伎とはコラボできない。ＳＭ……、「そうだ、縄だ！　歌舞伎とコラボするには、縄しかない！　緊縛だ！」とひらめいたんです。そこで緊縛講座に通いはじめたんですよ。これも何の気なしに質問してきた愛之助さんのおかげです。いやぁ、大変ありがたい。もし、得意技を聞かれなければ、緊縛講座に通うこともなかったでしょうから。

僕はまだ数回しか講座に通えていなくて、本当に基本の「き」で止まっている状態。まだ詳しくお話しできるほどスキルはないんです。縄って本当に難しいんですよ。縛るときは、縄を折り紙のようにちゃんと真っ直ぐ、折り目正しく縛っていかないといけないんです。体は立体的だから、縄もよじっていいと思っていたんですけど、大まちがい。縄がピッシーッと体に這うように縛っていかなきゃ絶対にダメ。「緊縛初級講座」ははじめて習う言語みたいなものなので、本当に難しいんです。もはや新しい言語ですね、僕にとっては。

僕は自分がハマったものを妻のシルビア（・グラブ）にも知ってほしくて、基本的にはハマったところや好きな場所へは連れて行くことにしているんです。それで昔、シルビアもSMの店に連れて行ったんですけど、「吐き気がする。これからはあなた1人で行って」と言われましたね。ちなみに、早い段階で誤解を解いておきたいのですが、僕とシルビアの間で、SMプレイをすることはありません。シルビアはよく「ダンナさんにそういう趣味があると、付き合わされて大変だね」と言われるらしいんです。だから、僕も「ウチでは一切やりません」と言うようにしていて……。でも、正確には「まだやれる段階ではない！」ということですね。SMは非常に奥の深い、技術的にも難易度の高いものだとつくづく感じています。だから、夫婦生活での実践まではまだ到達していないんです（笑）。

緊縛講座の初級編から中級編のＤＶＤと解説書が入ったセットを先日購入したのですが、ＳＭを毛嫌いしているシルビアは、緊縛のモデルになってくれません（まだ、と信じたい）。これはとにかく実践あるのみ、と思っているので、早く人の体でやりたいんです！ただ「絶対に嫌！」とかたくななので、しぶしぶ自分のふくらはぎで練習したり、ＳＭバーに来ている子にお願いしてモデルになってもらったりしています。流れるように縛らなきゃいけないんです。みんな途中でやり直したりするんですけど、本当はダメ。緊縛を習得したら、すごいことになりますよ。歌舞伎とコラボするのは、まだまだ先になりそうですが、緊縛道も精進していきたいと思います。

変態おひとりさまのススメ

そういう活動をするにあたって、とにかく僕がオススメしているのは、１人で行動すること。思い立ったが吉日、ただただ勇気を持って行動する。とにかく気になったところには、1人で行ってみるんです。

僕だって、はじめてSMバーに行ったのは1人だったんですよ。さすがにドキドキしながら、店の扉を開けたのですが、店に一歩入った瞬間から「あら、お兄ちゃん⁉ どうしたの、今日は1人？ 入って入って！」と、10年来の友達のように超ウエルカム状態。SM愛好家ってマイノリティ意識が強いのか、もう最初から変態の〝同志〟として接してくれるんです。元からいたお客さんの「この人はどんなフェチがあるんだろう」という視線もたまりませんね。急に目が鋭くなるんです。その店では、最初に自己紹介カルテのような調書を書かされる。そこで「何に興奮するか」という項目を書いていたときに、人に見られそうになったので、「いや、ちょっと……」と隠そうとしたら、「何言ってるの！ みんなもうあんたが変態だって知ってるんだから、そんなに恥ずかしがることないじゃない！」と言われちゃって（笑）。

そこで、「あぁ、そうか。ここはそういうところだし、自分も立派な変態だったな」と改めて思ったら、恥ずかしがらなくていいんだって、心が軽くなったんです。もしそのときに誰か連れの人がいたら、心が解放されなかったかもしれない。だから、最初こそ1人で行動するのがオススメなんですよ。

同志ネットワークサービス

わからないことや知りたいことがあったら、今ならみなさん、スマホかパソコンでインターネットを見ますよね。それでもわからなかったら、本や雑誌を探すとか？　そりゃあ僕もちょっとはネットを見たりもしますけど、わからないことはとにかく一番詳しい人に直接聞くのがベスト。専門的なことは、プロに任せる。自分であーだこーだ悩まない。服のことなら信頼のおけるスタイリストやオシャレ通の人、時代劇のことなら祇園の大姉御、拷問のことなら実際に拷問に遭ったことがある人、ＳＭのことなら女王様やＳＭバーの人など、聞きたいことに対して、ドンピシャの答えを教えてくれる人が世の中にはたくさんいるんです。悩んでいる時間はもったいないんです。大切なのは「この人にこんなことを聞いても、教えてくれないだろうな」と、聞く前から躊躇しないこと。「あ！　これはあの人に聞いてみよう」って思ったら、すぐに電話するんです。その人は今の自分の何倍という時間〝そのこと〟について向き合っているんですから。

実は最近も、俳優仲間2～3人から「美少年を紹介してくれないかな。工事（性転換手術）をしたニューハーフではなくて、ホルモン注射などもしてなくて、美容整形などでイジってもなくて……」とレアな発注が来たんですよ。彼らは女性と遊びすぎて、女性に飽きたようで、次の段階を探しているんです。

僕がメディアでSM好きで変態だと報じられているし、現場でもバンバン下ネタを言っているから、「髙嶋なら絶対知ってるに違いない」と個人的に連絡をしてきたようです。最近、美少年ブームなのか、よくこのテのお問い合わせが来るんですよ。「ニューハーフの友達だったら、紹介できる」と言うと、「そういうゴージャスな感じじゃなくて、もっと自然な感じのオトコノコ系がいいんだよね」って。変態仲間に電話して聞いたんですけど、まだ見つからないんですよね。

そういう人脈を見つけるためにも、やっぱり1人で行動して、自分で同志を見つけなきゃって思うんですよ。僕もそうですが、ある種の専門性を持った人たちって、難しい発注でも、頼られること自体は結構うれしいものなんですよ。

第2章

ホンモノのＳＭ

ＳＭショーが今最高の楽しみだ！

好きが高じて、２章続けてＳＭの話で申し訳ありません。もう少しだけ付き合っていただけますか？　さて、多くの男性はアダルトビデオのイメージから、ＳＭと言えば女王様とＭ男のプレイだと思いがちです。しかし、基本的に僕が見るＳＭショーには、１００％女王様×Ｍ女もしくは責め師×Ｍ女しか出演しないんですよ。Ｍ男が出るのは、アダルトビデオや風俗の業界です。イベントなどで「Ｍ男ナイト」とかがあれば、凌辱される役で出るかもしれないですけどね。

ＳＭは女王様だけが素晴らしいのではなく、ショーが素晴らしいんですよ、これが。先日、『新宿DX歌舞伎町』でSMショーに出演した女王様に話を聞いたんですけど、和彫りの見事な刺青がびっしり入っているM女と舞台に出たそうなんです。女王様は刺青の入った背中を眺めながら、その体にタッカーをパシーン、パシーンと打ちつけた。「タッカー」は建築用のホッチキスのようなもので、両肩から脇腹、脇腹からお尻、お尻から大腿部、大腿部からふくらはぎを打ちつけ、「その体に赤い細紐を這わせてきました……」と、恍惚とした表情で語ってくれました。僕も興味があるので詳しく聞いてみたら、タッカー打ちは骨と筋肉を避けて打たないといけないから、難しいそうです。「お兄ちゃん、やるんですか？　あれは難しいですよ」と言われましたが、僕は実際にやる趣味はそこまでないんですよ。そういうSMショーを見たり、その裏話を聞くのが、最高にワクワクするんです。

SMバーに行くと、だいたい最初の洗礼は、バラ鞭で人を叩いたり叩かれたりすること。お尻をスパーンと叩き叩かれるのは、グループで行くと盛り上がりますが、僕にとっては特に興奮ポイントではない。しかも、僕はロウソクをたらされても人にたらしても、縄で縛られても縛っても、特に興奮しない。「じゃああなたはいったい何が好きなの?」と聞かれたら、女王様にM女が凌辱されているのを見ながら、ちびちびお酒を飲むことなんです。決して女王様だけを好きなわけではない。凌辱している光景を見るのが好きなんです。変態紳士としての嗜みです。

女王様は普通の女の子

魅力的な女王様は、たくさんいますよ。でも、顔がかわいいとか胸が大きいとか全身にタトゥーが入っているとか、そういう外面的なことではない。実は、ホンモノの女王様でアイドルみたいにかわいい子って、正直見たことがありません。このあいだ出会った女王様は歯並びがよくなくて、自然に尖った歯が目立っていました。「これが刺さってM女には評判がいいんですよ。」と言っていましたね。美人ばっかりずらーっと並んでいる店はエンターテインメントがメインの〝なんちゃって〟SMバーです。ホンモノの女王様は、かわいいとかキレイとかいう前に、とにかく圧倒的な迫力があります。「壮絶な半生を送ってきたんだろうなぁ」と思わせるような女性が多いんですよ。

意外に知られていないのが、ホンモノの女王様の中には、処女の方もいるんです。他人に征服されるのが嫌だから。挿入がダメなんです。あとね、女王様は褒められることに慣れていません。だから、女王様を褒めると、照れてしまってかわいい場合も多いですね。先日は、酔っぱらって「かわいいね」って女王様に後ろから肩に噛みついたんです。照れながら女王様に思いっきりビンタされました。普段の女王様って「この舞台が見たいので、チケット取ってください」とか「原宿の『カワイイ モンスター カフェ』に行ってみたい」とか言ってくるような、ごくごく普通の女の子なんです。

〝ホンモノ〟のSMバーはただのバー

ＳＭバーといって多くの人たちがイメージするのは、怪しいネオンの中で、仮面をつけたボンテージ姿の女王様がバラ鞭を持っていて、キレイなＭ女が縛られて、バラ鞭で叩かれたり吊るされていたりする光景になるのかな。確かに、ＳＭイベントではそうした光景が見られます。超有名なＳＭフェティッシュバー『六本木ジェイル』（２０１６年に閉店）は、東京都の条例ギリギリの際どいショーをやっていて、本当に尊かったですね。名古屋の女王様も博多の女王様も「東京のＳＭバーと言えば、六本木ジェイル」と言っているほどの店でしたから、閉店してしまって本当に残念です。誰もが思い描くＳＭプレイがエンターテインメントとして見られるステキな店でした。

ですが、誰もが行っても楽しめて、「わぁ、すごい！」「これがＳＭの世界なんだわ！」と想像通りの世界を見せてくれるお店は、僕がカテゴライズすると〝なんちゃって〟ＳＭバーになります。じゃあ、何が〝なんちゃって〟ではなく〝ホンモノ〟のＳＭバーかと言いますと、己のフェチを極めるための店が〝ホンモノ〟のＳＭバーなんです。エンターテインメント性は一切ありません。観客に見せる商業的なショーではなく、自分自身の欲望に身を任せる場所。だから、何もフェチを持たない人が店に来ても、全然面白くないですよ。だって、一見普通のバーですから。じゃあ、普通のバーと何が違うかというと、例えば、パートナーの男性に下腹部をガンガン蹴られている女の子がいるとか、ただただ縛られて放置されている男性がいるとか、頭に爪楊枝を突き刺してもらっているおっさんがいるとか……。とにかく「これはなんなんだ？　どうなっているんだ？」という異様な世界が繰り広げられているんですよ。

誰かの覚醒の瞬間に立ち会う

先日、歌舞伎町のＳＭバーに行ったときに、頭に大量の爪楊枝が刺さっているおっさんがいたんですね。どんなもんかと思って、僕も1回やってもらったんですよ。爪楊枝の尖っているところを指でつまんでちょこっと出して持ち、そのまま頭にガンッって突き刺す。刺さる痛みより、手のガンッという衝撃のほうが痛いかもしれないですね（笑）。僕はこういうのとにかくなんでもやってみるんです。爪楊枝刺しは飲み会でやったらたぶん盛り上がるかもしれませんが、僕はその行為自体には興奮はしなかったですね。

SMに興味がない人たちは「そんなことして、いったい何が面白いの？」と思うかもしれません。でもね、〝ホンモノ〟の人たちの話を聞くだけでも面白いんですよ。まず、そのSMバーに来店した時点で、何かしらの変態の〝同志〟だということは判明しています。そんな店に偶然には入ってきませんから。周りはホンモノだらけ。そんな人はほぼイカれていて面白い。

先ほど、僕は1人でSMバーに行くという話をしましたが、舞台の打ち上げなどで、女優さんやスタッフなどを連れて行くこともあります。ただただ変態の人たちと話す。そうすると、話を聞いているうちに感化されたのか、ついにあるアーティストのマネージャーが「縛ってください」と志願して、緊縛師に亀甲縛りをしてもらっていました。そのマネージャーは、立派な変態でしたね。同志でした。全然変態っぽく見えない普通の人が、実は変態だったりするんですよ。人は見かけによらないものですよね。そういう瞬間を見られるのも楽しみのひとつなんです。

ＳＭ初心者のための基本講座

ＳＭに少しは興味を持ってくれた方もいるでしょうか。ここで「ＳＭバーに行ってみたい」と思った方のために、ＳＭバーの基本システムをご説明しましょう。新宿・歌舞伎町のＳＭバーは、男性が時間無制限・飲み放題でだいたい８０００円。ＳＭショーを見たり、バラ鞭や鼻フック、手枷足枷などのＳＭ器具も使い放題です。六本木も男性は８０００円くらい、女性は４～５０００円かな。イベントなどをやっていると、＋２０００円など、別途料金を徴収されます。もちろんＨＰできちんと料金案内している店が多いですし、わからなければ、入店したときにきちんと確認することをオススメします。

ＳＭは、Ｓ（サディズム／加虐性）とＭ（マゾヒズム／被虐性）双方の合意のうえに、そのプレイを楽しみます。ＳＭの難しいところは、プレイなのに、叩かれたり縛られたりしているＭ側が「キャー！」「何するのよ！」と言った瞬間に破綻してしまうこと。それが原因で摘発されて、潰れてしまったＳＭバーも多々あります。その多くはどちらかと言うと、双方の合意がないためにトラブルが起きやすいハプニングバーやＳＭクラブ的な要素が強いんですよね。定期的に警察がチェックしていて、お客さんが被害を訴えたらアウト、脱いでいてもアウト。歌舞伎町はＳＭの歴史のある街ですから、営業するうえでも、違法性がないように経営者たちはとても気を配っています。店側の意見を代弁すると、ＳＭ志向のある人はマイノリティなので、単純に店でマニアの人に楽しんでもらいたい、この時間だけはそっと息抜きしてもらいたいってだけなんですけどね。

安心してください、あなただけじゃないんです

僕がこうしたSM話をできることを、俳優の人たち、特に男性は羨ましがるんですよ。「それじゃあ、一緒に行こうよ」と言うのですが、やっぱり誘いに乗ってくれない。「絶対大丈夫だって」と言っても、「そんなところに行って、週刊誌に写真撮られたり、お店からネタをリークされたりして仕事がなくなったら困ります」と言うんですよ。まぁこのご時世だから、しかたないのかなぁ……。ただ本当に興味のある人は、店を紹介したら、1人でこっそり行っていますね。店から情報が漏れることはありません。マイノリティゆえに秘密は守られます。だから、今度から「行きたい」と言った人を誘って一緒に行くんじゃなく、オススメ店などの情報を教えてあげようと思っています。好きなタイミングで、好きな人と、なんなら1人で行けばいいんですよ。少しだけ勇気を持って。行ってしまえば、そこでは変態はあなただけじゃないんですから。

第3章
青春ルサンチマンからの逃走

小4で味わった筒井ワールド

少し話は遡ります。ご存知の通り、僕の両親は芸能人で、僕が物心つく前から忙しい生活を送っていました。いわゆる一般的な家庭からしてみると、少し変わった家庭環境だったのかもしれません。芸能人である両親の影響、エロの原体験、暗黒な学生時代などを経て、今の僕は立派な「変態」になりましたが、きっと潜在的なものはこのころに育まれているんだろうなと……。懐かしい気持ちで回想してみました。

母が宝塚歌劇団出身で、ショー好きだということもあり、パリ・モンマルトルの『ムーラン・ルージュ』のパンフレットが自宅にあったんです。そこにはアンダーヘアが透けている衣装を着た女性たちが大勢載っていた。『ムーラン・ルージュ』は1889年から営業している歌やダンス、フレンチカンカンや大道芸を組み合わせたショーが人気の有名なキャバレーです。幼い僕、〝リトル・タカシマ〟は好奇心が旺盛だったので、そのパンフレットをこっそり覗き見ていたんです。怪しさと艶めかしさが渦巻く甘美な雰囲気に、非常に興奮したのを覚えています。でも、それ以外は小学生のころなんていうのは、公園に落ちているエロ漫画やエロ雑誌を見つけて、みんなで「お～！　スゲ～！」なんて言いながら、興味津々で読んでいたくらいで、かわいいものでした。

あと、今思い起こすと、筒井康隆さんの小説には影響されたんだと思います。小学校4年生くらいから、僕は図書館に通い出すのですが、『俗物図鑑』は強烈でしたね。主人公を含め、さまざまな社会的立場にある18人の登場人物が、それぞれ「吐しゃ物鑑定」「口臭鑑定」「月経評論」「皮膚病」「性病」「薬物」「痰壺《たんつぼ》」「自殺願望」などという、特異な趣味・趣向・性癖の持ち主なんです。耽美でエログロな世界観に、小学生だったリトル・タカシマはすっかり夢中になってしまいました。同じく、筒井さんの小説『将軍が目醒めた時』も好きでしたね。若くして誇大妄想症を発病し、将軍、天皇を自称してゴシップの格好のえじきとなった実在の人物、葦原金次郎をモデルにしたフィクションです。

筒井さんの小説はとにかくエロくてグロいんですよ。僕が小学生のころなんて、娯楽の種類も限られていたし、映像もビデオもパソコンもない時代。その中にあって、筒井康隆さんの小説を読むことは自分だけの特別な娯楽のひとつでした。ウチの両親も「読書家だね」程度にしか、思っていなかったと思います。当の僕は勃ちまくっていましたが。とにかく僕は内向的でしたから、文字からの興奮、小説によるイマジネーション力がかなり育まれたと思います。

エログロな映画を好んで

変態的なヨーロッパ映画も好きでしたね。サディズムという言葉の由来となったマルキ・ド・サドという貴族がいるのですが、そのサド侯爵が書いた小説『ソドム 百二十日あるいは淫蕩《いんとう》学校』を原作にした『ソドムの市』は衝撃でした。ピエル・パオロ・パゾリーニというイタリア人監督の作品で、完全にSMのスカトロ拷問映画。それまでは変態ものの作品といえば、変態行為をする側ばかりが描かれていたんです。しかし、『ソドムの市』では初めて変態行為をされる側を描くんですよ！ これは非常に斬新なチャレンジをした映画なんです。

あと、スタンリー・キューブリック監督の不朽の名作『時計じかけのオレンジ』も、性行為や暴力行為の描写が過激で、たまらないですね。あまりの面白さに感動して、映画が小説化された際もすぐさま買って読みました。『時計じかけのオレンジ』で主人公を演じたマルコム・マクダウェルの作品で、映画『カリギュラ』もすごかったですね。ローマ帝国皇帝・カリギュラの放蕩《ほうとう》や残忍さを描いた歴史超大作なのですが、もうほぼハード・コア・ポルノなんですよ。特に巨大芝刈り機を使った処刑シーンは、残忍すぎるために語り継がれるほどです。とにかくそんな映画を見まくっていた小・中学生時代でした。

デブでいじめられっ子、ＮＡＳＡに行きつく

実は僕、もともとかなりのデブだったんです。小学校６年生から高校２年生の夏休み前まで、１１０キロもあったんですよ。外に出るとデブとからかわれるのは日常茶飯事。学校ではシャープペンシルでいきなり背中を刺されたこともありました。いわゆるスクールカーストという大きな三角形があったとしたら、底辺にいるいじめられっ子だったんです。

だから、それまでは、ほぼ色っぽいこともゼロ。でも高２の夏モテたい一心で、少年漫画雑誌の裏に載っていたＮＡＳＡが開発したという触れ込みのサウナスーツを着て、夏休みの１カ月間、毎日走りました。母にも協力してもらい、夕飯は切り干し大根やひじきなど和食中心に。おかずにコンニャクを混ぜてカサ増ししてもらうなど、低カロリー食を続

けました。すると、なんと1カ月で25キロ減！　それでどうにか85キロまで痩せたので、「これで絶対にモテるようになる！」と思い込んでいました。でも、残念ながら僕はエスカレーター式の付属の学校に通っていたので、みんな太っている僕しか知らないんです。だから、「デブの髙嶋が痩せた」というだけで、全然モテない。

あとね、僕の同級生に俳優の石黒賢がいたんです。当時の彼は番長的な学園のヒーローなんですよ。本人に何度言っても「いや、俺は絶対にそんなこと言ってない」と言いはるんですけど、石黒は「髙嶋がガンになった」と言いふらしまくって（笑）。いくら痩せたとはいえ、僕のメンタルはまだ内向的なデブの髙嶋のままなので、学園のヒーローに「違う」とも言えず、そのままコソコソするハメに。悲しい思い出ですよ。

耳鳴りロック少年

小学校4年生のとき、テレビで宇崎竜童さん率いる『ダウン・タウン・ブギウギ・バンド』を見て、すごいカッコいいなと思ったんです。『港のヨーコ・ヨコハマ・ヨコスカ』が本当にイケていました。そこで、父に「エレキギターをやりたい」とお願いしたんです。でも、父には「エレキギターは不良になるからダメだ」と断られました。それでもやっぱり諦めきれずに「ベースならどう?」とダメ元で聞いてみると、「ベースだったら、音が低いから大丈夫だ」となぜか許可が出ました（笑）。僕はそんな父のなんだかよくわからない理由で、ベースを入手したんです。

今と違って、当時は全然情報がなかった。自分からどこかに行かないと、絶対に情報が入ってこない。テレビでも音楽番組は極端に少なかったし。だから、町のレコード店って、情報基地局のような役割を果たしていたと思うんですよね。家の最寄駅・世田谷の上野毛駅の近くにも、『ダイトーレコード』というレコード店があったんです。店のオヤジさんは小学生の僕に、とにかくたくさんの曲を試聴させてくれました。「これも結構ハードでいいよ」と、どんどん聞かせてくれて、本当にお世話になりました。

そこで、アメリカのハードロックバンド『ＫＩＳＳ』と出合うんです。はじめて聞いた『悪魔のドクター・ラヴ』は強烈だったなぁ……。今聞くとポップですが、そのときはもう『ＫＩＳＳ』のメイクやコスチュームも含めた世界観に陶酔していたんです。それで、すぐに父に頼んで、１９７８年春、『ＫＩＳＳ』２回目の来日公演に連れて行ってもらいました。はじめて行った洋楽ライブは大音量すぎて、耳がどうにかなっちゃうかと思いましたね。１週間くらいずっとグワングワン耳鳴りしている感じでした。当時はまだ消防法などが厳しくなかったからか、武道館の中でもド迫力の火柱が何本も立っていたし、女の子のワーキャー言うさけびにも似た歓声もすごかった。なんかもうすべてが狂気じみていて、恐怖すら感じましたよ。この危なっかしい香りは、やっぱり幼い僕をトリコにしたんです。

イケてるのかイケてないのかリトル・タカシマ

少年時代はそうしてレコード店に通いつめて、洋楽を聞き漁っていました。同級生に石田という仲のよい友達がいたんだけど、お兄さんが『ボルシー』というパンクバンドのヴォーカル＆ベースをやっていたんです。小学校6年生のとき、石田の自宅でそのお兄さんが「パンク・ロックもいいけど、こういうのも聞け」と、『キング・クリムゾン』を勧めてくれたんです。『クリムゾン・キングの宮殿』と『レッド』というアルバムでした。それがプログレッシブ・ロック（通称：プログレ）との運命の出合いでした。日常の中に非日常が入ってきた、こんなに荒々しいことがあっていいのかという恐怖で、完全にハマりました。ちなみに僕はDJやロック系の音楽の仕事が入ると〝スターレス髙嶋〟を名乗ることがあります。それは、あまりに衝撃を受けたキング・クリムゾンのアルバム『レッド』のエンディング曲『スターレス』に由来しているんですよ！

プログレに傾倒した僕はさらに内向的になります。ずーっと自宅でライナーノーツ（ジャケットに付属する冊子に書かれた解説文）を熟読しながら、ヘッドフォンをつけて、1人で黙々と『キング・クリムゾン』を聞く毎日のはじまりです。中学生になると、他の洋楽も聞いてみようと、好きな音楽の幅も広がりました。70年代半ばに若い女性を中心に人気のあったイギリスのアイドルグループ『ベイ・シティ・ローラーズ』なんかも好きで、そこだけは、ちょこっとだけクラスの女子と話ができましたが、基本的には同世代と音楽の趣味は全然合いませんでした。

中学生になってからも、自宅では父に買ってもらったベースをコツコツと練習していました。引っ込み思案でシャイだったわりに、僕は中学3年生のときにバンドを組むことになります。どこから聞いたのか、「ベースうまいらしいじゃん」と友達に無理やり誘われて。そして、その年の文化祭で披露することに。文化祭には両親も来ていたのですが、僕が舞台上で慣れないMCで「僕たちのバンド名はタートル（亀）・ヘッズ（頭）です」と言った瞬間の、愕然としている両親の顔……忘れられません。

ライブと聞いたら飛んで行け！

そんな音楽・ロック・バンドと歩んでいたような青春時代でしたが、はじめてライブハウスに行ったのは小学校6年生のとき。ランドセルを背負ったまま、まだできたばっかりの『ラフォーレミュージアム原宿』に行ったんです。昔は1部がフィルム・コンサートで、みんな肩を寄せ合ってちんまり体育座りをして鑑賞する。2部がライブで、うってかわって立ち上がり激しく盛り上がるというシステムでした。同級生の石田のお兄さんから、オススメのライブハウスをいろいろ聞いて、くり出しました。よく行っていた〝ハコ〟は、渋谷の『屋根裏』や『ライブ・イン』、下北沢の『ロフト』や新宿の『ロフト』など。当時はおおらかな時代だったので、中学生でも入れる居酒屋もありました。普通にお酒を出してくれたんですよ（笑）。友達とライブハウスに行って、帰りに居酒屋に行って、瓶ビールの中瓶1本を無理やり流し込んで酔っぱらって、何度も居酒屋の階段から転げ落ちていました。

高校生になると、世の中はディスコブーム。ソウルやファンクなどのダンスナンバーが流行します。僕たちの活動もライブハウスを飛び越えました。僕は高校2年生くらいからディスコに出入りしていましたが、ディスコ・ナンバーもそれなりに好きでした。パンク・ロック、プログレッシブ・ロック、ディスコ・ナンバーとともに、テレビ番組『ザ・ベストテン』で歌謡曲もチェック。さらに、それと同時にクラシックのコンサートも行っていました。当時はコンサート自体も、来日するアーティストも少ないので、ライブやコンサートがあると聞くと、とにかく全部行っていたんです。興味なくても、とにかくすべて行って、自分の目で耳で確認するのが大事だったんです。そんな貪欲な空気がありましたね、あのころは。

そもそも、僕は好奇心がかなり旺盛なタイプ。そのクセ、かなりのビビりでもあります。バイク、革ジャン、リーゼントは怖かった（笑）。高校2年生くらいのとき、暴走族と仲のいい〝ワル〟の先輩が教室に来て、「髙嶋ってどいつだ。これ、明日までにコピーしとけ」とカセットテープを置いていったんです。僕がバンドでベースをやっていたのは知られていたので、指名されたようです。そのカセットには『横浜銀蝿』や『矢沢永吉』と書かれていました。それをコピーした縁で、期せずして『横浜銀蝿』や『矢沢永吉』のコピーをやる〝硬派なバンド〟に入ることに。もう自分でもよくわからない展開になっていきました。ただ、その辺りから、いじめられなくなりましたね。芸は身を助けるんです。結果論ではありますけど、コツコツとベースをやっていて良かったですよ。

メンタルはデブでヘラっているまま

ダイエットに成功してから、社会人もいるアメリカン・フットボールのクラブチームに入りました。そこで他校の学習院の人たちと知り合って、学習院高等科・女子部の文化祭に遊びに行き、アメフトの仲間に女子学生たちを紹介してもらうんですけど、やっぱり僕の中身はデブの髙嶋のまま。シャイで自信が持てない内向的な性格なので、どうしても女性とうまく話せなかった……。せっかく痩せたのに、全然意味ないんです。

そのせいもあって大学生になってからは、昔の自分を知らない人たちとツルんでいました。時代はバブル、広告代理店勤務の先輩によくあちこち連れまわしてもらいました。ディスコにビクビクしたまま連れて行かれると、僕は身長が１８５㎝あってデカかったので、モデルの友達もできて、徐々に女性に慣れていったんですよ。

キレイでかわいい子とも付き合うことができました。デブの髙嶋からしたら、大出世ですよ！　だって、ずっとモテたかったんですから！　でも、なんかこう……、違うんですよね。ずっとピンとくる子がいなかった。誰かひとりにゾッコンに惚れたり、固執したりできなかった。こだわりもないので、ちょっとでも嫌になったらすぐ別れて、次の女性と付き合っての繰り返し。なぜかまったく満たされなかったんです。念願叶ってモテ出したのに、僕はいったいなんなんだと。どうなりたいっていうんだ！

それは、やっぱり潜在的にエログロの世界に惹かれていたからなんじゃないかと思います。今思えば、多感な思春期のころから、かわいい女の子の裸には興味があまりなかったですし……。意識していなかったけど心の奥には普通では満たされないものがあったのかもしれない。とはいえ、「奥さんのシルビアさん、キレイじゃないですか」と言われるけど、昔からハーフの女性は好みなんです。でも、シルビアの場合は、人間としての同志と言いますか……。シルビアだけは特別だという話はまた後述しますね。

はじめての彼女、哀しみのプレイルーム

あぁ、そういえば、初体験も最悪でした。

はじめての彼女ができたのは、高校2年生の冬。なんと相手はかわいいと評判だった高校の同級生！　同じバンドのメンバーで、僕がベースで彼女がキーボードでした。僕は相

変わらず内向的でコミュニケーション能力はなかったけれど、痩せたし、ベースが弾けたので、いいと思ってくれたのかな。付き合ってから2カ月くらいした後、ついに！　当時、流行っていた渋谷のレンタルルームにその女の子と行ったのですが。なんと、僕が無性に恥ずかしくなって、Tシャツが脱げなくなっちゃったんです！　痩せたとはいえ、まだ85キロあったうえに、体が全然引き締まっていなくて。どうしてもTシャツは脱げないし、当然セックスなんてできないし、本当に散々でした……。

それから1週間後、友達がバス停で彼女とイケメンでマッチョの先輩が手を繋いで歩いているのを目撃して、「おい、高嶋！　彼女と付き合ってるんじゃないのか？　大丈夫なのか？」と教えてくれたんです。彼女と一緒にいた先輩は学園のヒーローで、アメリカの高校でアメリカン・フットボールをやって、留学期間を終えて帰ってきたばかり。スキンヘッドで、日に灼けていて、イケメンでマッチョ。そういうキラキラ男子と彼女は付き合うようになっちゃったんです。でも、それはしかたない。せっかく彼女がソノ気になってレンタルルームまで来てくれたのに、Tシャツも脱げないような男は見限られますよ。とんでもない小心者で、嫌になっちゃったんでしょうね。そりゃあそんな男とは別れますよ。しかし、シビアですよね……。それから「もう女性と付き合えないかもしれない。自分はセックスもできない男なのか。無理なのか」とだいぶ自信をなくしました。

結局ソープかよ！

高校生の髙嶋は、当然こんなナイーブな話を誰にもできません。そんなとき、仲の良い先輩が「川崎・南町のソープ・ランドに行こうぜっ！」と誘ってくれて、傷心のまま連れて行ってもらったんです。だから、僕の初体験はソープ・ランドで行われました。それ以降もディスコに行って、ナンパもするんですけど、そういうときほどデブの髙嶋と初体験未遂の思い出にとらわれてしまう。痛む心をひっさげて、どうしてもまたソープ・ランドに逃げちゃうんです。自分から女性に対してアピールしたり、口説いたりすることに慣れていなかったんです。

そのはじめての彼女に見捨てられてから、落ち着きを取り戻したころ、アメリカン・フットボールのクラブチームに入り、前述した学習院の女の子を紹介してもらって、付き合いはじめました。2人目の彼女ですが、最初のトラウマがあるのでやっぱりなかなかできないんですよ。何度もソープ・ランドで練習しているのに、できない！　最初の失敗が、相当こたえたみたいです……。

先天的なアングラ、エログロ嗜好

そんな青春時代を送ってきたこともあり、どこかで性癖も偏ってしまったのかもしれません。10年ほど前『スマグラー』という映画の公開後に、ある監督と飲みに行く機会がありました。そしたら監督が「芸能一家に生まれて、物心ついたころには両親はテレビに出ている人気者。自分も東宝芸能に所属して、注目されて世に出たから、『スマグラー』みたいな変態の役をやるようになったのはその反動だったたんでしょ？」と決めつけられちゃって（笑）。でも、うーん、なんか違うんですよね。そりゃあ後天的な要因もあるけど、小さいころからもともと自分の好きな方向性がアンダーグラウンドなものだったんですよね、きっと。芝居でも華やかなミュージカルよりは、アングラ演劇が好きなんです。唐十郎さんの『状況劇場』、寺山修司さんの『天井桟敷』はリアルタイムでは見られませんでしたが、今でいえば『流山児★事務所』『新宿梁山泊』などはなるべく時間を作って見に行くほど好きですから。

母の好きだった『ムーラン・ルージュ』にはじまり、小説は筒井康隆ワールド、映画はエロくてグロいものなどにハマった幼少期を過ごしましたが、やっぱりどう考えても王道というよりは、ちょっとアングラな世界観が僕は好きなんですよね。

第4章
生で感じるアングライベント

足しげく通い続けるイベント

年に1～2回、楽しみにしている『サディスティックサーカス』というイベントがあります。世界中の変態さんが大集合します。そのイベントでは、緊縛はもちろん、人間の皮膚に直接フックをつけて吊るすサスペンションや、乳首の串刺しや目の下にフックをかけるなど、強烈なショーが繰り広げられます。〝ペイン・ソリューション〟という痛みに重きを置いたショーですね。

いろいろな出し物があった中でも、僕がくぎづけになったのは、切腹パフォーマンス！

白装束を着た女性が舞台に出てきて、短刀で切腹をするんですよ、この平成30年に。といっても、もちろん死なない程度にお腹の表面をサッと切るだけ。すると、白装束に血が染み込む。そして、女性が倒れると、パッと暗転。しばらく会場が静寂に包まれた後にほのかに電気がともされる。倒れていた女性が立ち上がり、お辞儀をして、ダッシュで舞台から去って行くんです。ほら、切ったお腹を消毒しないといけないから（笑）。もう、ポカーンですよ。

その後出てきた、『劇団ゴキブリコンビナート』の看板女優たちによるアイドルユニットも、まさにキワモノでしたね。彼女たちは『BBG48（分倍河原《ぶばいがわら》48）』というチームなんですけど、歌詞があまりにゲスい。「私のほうが、性欲が強い」と歌いながら、最終的につかみ合いのケンカになるんです。単純に笑えるし、猥褻感が漂ってたまらないんです。

そのときの会場は歌舞伎町の『新宿FACE』で、23時にスタートして、終わるのは朝5時。SMの若い衆も、どんどん過激になっているなぁと思いましたね。やっぱり生で見ると、興奮と熱が違います。

DJ『スターレス髙嶋』

5年くらい前から趣味の一環で、たまに誘われるとDJをしに行きます。今もCDは現物で5000枚くらい持っているけど、家には機材がないので、夜中に機材のある店で遊ばせてもらっています。ただ、ドラマや映画の撮影が入っていたりすると、なかなかね。選曲して、CDを準備しなきゃいけないので、スケジュールさえ合えば……という思いですが断ることが多くて残念です。

DJにせよなんにせよ、すべては自由。やっちゃいけないことなんてないんです。それを教えてくれたのは、親友として、最近行動をともにしている東京医科大学の祖父尼《そふに》淳医師です。祖父尼先生はDJペローニといって、DJとしても有名人ですが、僕が学生時代から買っていたレコードのライナーノーツを若いころから書いていた神童だったんです。はじめて名前を見たときに、「あなただったんですか！　僕はあなたが書いたライナーを読んでずっと育ったんです」って詰め寄ってしまいました。あのときは運命を感じましたね。

ＤＪをするときは、僕は〝スターレス髙嶋〟というＤＪネームで活動するという話は、先ほどしましたよね。『キング・クリムゾン』の『スターレス』は「世の中にはこんなに素晴らしい曲があったのか」と衝撃を受けた曲です。お客さんの中には、スターレス髙嶋＝髙嶋政宏だと結びつかない人もいて、「お兄さん、いつもどこで回してるの？」「プログレ好きなんだ。どういうプログレが好きなの？」と、普通に話しかけられることも。そうこう話しているうちに、誰かが「この人、俳優の髙嶋政宏さんだよ」と言ってくれて、「なんか似てるなと思ってたけど、そうなんだ」ということも、結構あるんです。

幸か不幸か、俳優としてのパブリックイメージはどこまでもつきまとうのですが、ごく私的な趣味の世界なので、色眼鏡で見られないことって、すごく心地いい。これからもタイミングさえ合えば、ＤＪの活動は続けていきたいと思っています。

潔癖症たちによるくすぐりイベントに遭遇

僕が『緊縛初級講座』を受講している歌舞伎町のＳＭバーに先日、ホンモノのバラ鞭を注文しに行ったんですよ。ネットで購入したオモチャのバラ鞭は持っていたんですけどね。よく撮影現場に持って行って、出番前の役者がひかえている前室にそっと置いておいて、気が付いた人たちがどんな反応をするのか、こっそり覗くのを日課にしていまして。「えー！　なんでこんなところに、鞭が置いてあるの？」と手に取ったら、罠にかかったも同然。「それはね」って僕が出て行って、ＳＭの素晴らしさを語るっていう（笑）。語るからには、オモチャのバラ鞭ではマズいんじゃないかと思い立って、本革製の黒緑のバラ鞭を注文したんです。しなり具合が絶妙のバラ鞭で、値段は２万３０００円。芸術品です。

そこで、店の人とバラ鞭について話していたら、店の奥がすごい盛り上がっていることに気付いて。「今日は何かイベントでもやってるんですか？」と聞いたら、「くすぐりイベントなんですよ。ちょっと見ていきます？」と案内されました。

手錠をはめられて、なんとも言いがたい表情で悶えながらくすぐられていた男性が主催者でした。「わぁっ！　髙嶋さんですか⁉　こんな状態ですみません……」と挨拶されましたよね（苦笑）。でもいいんです、楽しんでいる最中に僕が立ち寄ったのが悪いんですから。くすぐりイベントには15人くらいが参加していました。馬乗りになって、両手で力強く脇腹などをワシャワシャワシャワシャっとくすぐるんですよ。

面白かったのは、くすぐりのひとつとして、ラップで足をぐるぐる巻きにして、その足を舐められていたり、口にラップをつけてキスしまくったりしている人がいたこと。参加者は「ラップがあれば、抵抗なく舐められるじゃないですか」と言っていましたが、僕は「本当の変態は、直接舐めるもんじゃないの？」と疑問に思って聞いてみたんです。「それはそうなんですけど、最近の若い子はいろいろ抵抗があるらしくて……」とのことでした。潔癖症なのか、直は抵抗あるけれど、ラップがあれば大丈夫なんですね。

「ちょっと舐めましょうか?」と言われたので、「あ、じゃあ、せっかくなので」と手にラップを巻いて、舐めてもらいました。でも、僕は残念ながら「うーん、そんなに……」でしたね。自分がビビッとくるようなヒットするポイントがないと、まったく興奮もしないものなんですよね。いつかまた新しい興奮のネタと出合いたいものです。

SMとロックのアンオフィシャル広報

現場によく顔を出し続けていた甲斐もあってか、最近、うれしいことに「SMとプログレッシブ・ロックの伝道師」と言われるんです。SMのSはサービスのSですからね。普及活動というか、自分では勝手に広報をしているつもりです。コツコツと草の根運動ですね。気に入ったバンドがあったら、少しでも多くの人に知ってほしいから、いろんなところで言いますよ。もちろん金銭を要求するなんて小さいことは一切言いません。好きだからやっているんです。今の野望は、いつかSMとプログレのコラボをやること。昔、『状況劇場』で唐十郎さんが芝居している後ろで、山下洋輔さんがジャズを弾きまくっていたように、ＳＭショーとロックバンドが融合できないかなと思っているんですよ。プログレは一曲の演奏自体も長いし、間奏も長い曲が多いので、その合間にＳＭショーを組み込めるはず。それがプログレの次の段階、未来じゃないかと僕は思っているんです。

日本のプログレ界にも結構いいバンドがいて、ライブに行くと必ずいる顔馴染みのメンバーが何人もいるんですね。自己紹介も何もしてないのに、ライブ開始前にロビーでたまって、「いやー、こないだのライブは良かったですよね」「次のアレ行きます？」「え、いつなんですか？」などと、いつのまにか世間話をする間柄に。数年来、何十回も会っていたけど、「このライブの後にみんなで反省会行きますけど、どうですか？」と誘われて、そこでやっと名前や仕事とかの話になって。それで、仲良くなれたんです。

プログレ界には吉祥寺に『シルバーエレファント』というライブの聖地があります。「シルエレでワンマンやりました」「ディスクユニオンのプログレチャートの1位になりました」というのは、バンドマンたちにとってはすごい誇らしいこと。でも、広報的に厳しいことを言えば、僕はワンマンをやるなら大きなホールじゃなきゃいけないし、みんなが見るチャートで1位になってほしい！　バンドにも頑張ってほしいし、みんなが納得して、みんながハッピーになんなきゃいけない。だから、僕がちょっと根回しして、お金集めて、そこにプログレのバンドも出して、SMショーもやって少しでも広めたい。それはきっと、一大エンターテインメントになると思うんです。

ただ、この野望を実現するのは、かなりハードルが高いのもわかっています。まず、会場の問題があります。SMショーをきちんと見せるには、ライブハウスやクラブではダメ。東京都の条例が厳しいので、出し物に制限がかかってしまいます。大きすぎるハコでもよくないし、とにかく慎重にことを運ばねばならない。最初は〝なんちゃって〟SMバーの美人ダンサーたちに協力してもらって、多くの人たちにSMの雰囲気とプログレのよさを楽しんでもらえばいいのかな、などと日々試行錯誤しています。

人と人を繋げること

ＳＭもプログレも、これは仕事でもそうだけど、とにかく僕の知っている人たちがハッピーになってくれればいいと思っているんです。僕は困っている人を放っておけない性分。俳優同士で話していても、「最近、ずっと腰が痛くて治らない」「目がかすんで、脚本が読めない」「足がしびれて鈍痛がずっとある」などと言われたら、ラクにしてあげたいと、僕の知っている先生を紹介します。お節介だと思われても、よかれと思って世話を焼いてしまうんです。

ただ、行くか行かないかは自由。自分の通っているマッサージ師にしか罹らないとか、西洋医学しか信じなくて、漢方なんかは絶対飲まないという人も結構いるので。でも、本当に困ったら、藁にもすがる気持ちで行くだろうから、とりあえず紹介だけはしとこうと思って、教えておくんです。それで行ってみて、良ければ通えばいいし、合わなければやめればいい。とにかく僕は自分のできる限りのことを、自分のできる範囲でやってあげる。

あとはその人の自由、それが、僕の広報スタイルなんです。

第5章

グルメ・食べログおっさん

『食べログ』はじめました

すみません。突然ですが少しだけ僕のめしの話をさせてください。ハッキリ言いますが、僕が週2でジムに通うのは、ただただ美味いもののためです。

「だって死ぬまでうまいもの食べたいじゃない?」。『食べログ』の僕のページのトップ画面に書いた言葉です。私的な旅行だけでなく、撮影で訪れた地方でのおいしかったもの、普段からよく行く東京都内の店を紹介したくて、2017年から『食べログ』の口コミ投稿をしています。現段階で70軒ほど紹介しています。

特に最高評価、5点満点をつけたのは、静岡県沼津市の料理自慢の旅館『松濤館』。ロケで行った旅館です。富士山が好きだからかもしれませんが、目の前に富士山ドーーン！はたまりません。ここはシルビアを連れて行ってあげたいと思う旅館です。金目鯛のしゃぶしゃぶが本当においしかった。それだけではなく、突き出しから八寸、何から何まで心底美味かった。特に基本のダシが素晴らしかったですね。そして、松濤館オリジナルの冷酒は絶対に飲むべき逸品です。ほかにも、たくさんオススメしたい店はあるので、ぜひ「食べログ　著名人」で検索して、僕のページを見て、参考にしてみてください。

おしのびマイ・スパイス

ミュージカルをやると、1年のうちの8カ月くらい拘束されることもあります。それと同時に、連続ドラマや映画の撮影が掛けもちになると、毎日の食事がロケ弁ばかりに。スタジオの食堂も味が単調で飽きてくるので、少しでも味に変化をつけたくて、スパイスを持ち歩くようにしました。

必ず持っているのは、クミンシード、ガラムマサラ、チリパウダー、カイエンペッパーの4種類。

クミンシードはエジプト原産のセリ科の植物の実。ちょっと擦るとワキガのようなかなり強い香りが漂います。僕はこのスパイスが卑猥な感じもするし一番好きです。インドや中近東では健胃薬や利尿薬など薬用としても使われているんです。

ガラムマサラはインド料理でよく使われるミックス・スパイスのひとつ。基本はシナモン、クローブ、ナツメグの3種類で、それにコショウやクミンなどをブレンドしてあります。

チリパウダーもミックス・スパイスです。唐辛子の粉末にオレガノ、ディル、ニンニク、クミンなどがブレンドされています。

カイエンペッパーは、チリパウダーにも使われる赤く熟した唐辛子の実を乾燥させたもの。この4種類のスパイスをケース・バイ・ケースでいろんなものに振りかけて食べるんです。

手はじめに、僕はまず、食堂のカレーをオリジナル味にすることを考えました。クミンシードで香りを芳醇にして、カイエンペッパーで全体のルーをピリ辛に。具の肉にはチリパウダー。肉にはチリパウダーが合うんです。さらに、ガラムマサラで味を複雑に。そしたら、なかなか美味くなったんです。それ以来、どの食材にどのスパイスが合うのか、研究の日々が続いています。

串カツ店に行ったときも、まずは礼儀として「クミン塩ありますか？」とお店の人に一応聞くんです。普通はクミン塩なんてないですよね。それで「すみません、ちょっと試してもいいですか？」とマイ・クミンシードを取り出して、つけて食べる。もうちょっと辛みが欲しいなと思ったときに、カイエンペッパーを使うこともありますね。

最近ハマっているトリュフ塩は香りが強すぎるので、トリュフのない店でこっそり使うと周りにバレます。だから、事前に「試してみたいトリュフ塩を持ってるんですけど、使ってもいいですか」と確認してから使いますね。

オレの沖縄塩

塩はもうひとつ持ち歩いています。お気に入りは、手もみ完全天日塩の『塩夢寿美（えんむすび）』という塩で、沖縄の野甫《のほ》島という島で作られています。この塩の製法は、とにかく人力。使用する文明の利器は、海から水をくみ上げるポンプだけ。そのほかはすべて人の力だけで作っています。海からくみ上げた塩を天日干しにして、手作りのビニールハウスで水が滞留せずに流れるような仕掛けを作るのですが、台風で何度も何度も流されてダメになるんです！

さらに、そんな中、この塩を作られている方はウチナンチュー（沖縄の人）ではなくナイチャー（他府県の人）なので、現地の人に認められるまでが大変だったといいます。そこまでして苦労して、やっと結晶化した塩を手に取り、拝むようにすりつぶすんです。もうエピソードだけで神々しい塩なんです。

そうしたこだわりや苦労話を聞いて、感銘を受けまして。もちろん味も太鼓判をおせる美味さ！　素材の味が引き立つ上質な粗目の塩です。この塩は常に持っていて、いろんな食べ物にかけるんですよ。ステーキでも刺身でも、なんでも合うんです。

たこ焼きに1人で向き合う

人から誘われて行った店でも、いいなと思ったら、僕は必ず数日後に1人で行きなおします。食事は基本的に1人の時間をきちんと確保して、しっかり楽しみたいんです。たくさん人がいると、自分が本当に食べたいものだけ注文して、好き勝手わがまま言えないじゃないですか。自分が頼みたいメニューを頼んで、料理と向き合いたいんです。

特にたこ焼きには1人でじっくり向き合いますよ。僕は無類のたこ焼き好きなんです。先日も映画のロケで島根県の出雲に行ったのですが、島根なら出雲そばやシジミ料理、ドジョウ鍋など、その土地でしか食べられない名物がありますよね。でも、僕は駅前のたこ焼き店が気になってしかたなくて、昼めしはたこ焼き（笑）。

たこ焼きを買うときにもこだわりがあるんです。お店の人に「たこ焼きのパックのフタを閉めないで」と頼むんです。フタを閉めると、せっかくカリッと焼き上げたたこ焼きが蒸されてしまいます。でも、僕はそのまま出来立てを食べたいんです。

オススメは東京なら目黒通り沿いの『頑固蛸　目黒本店』。大阪はたくさんおいしいところがあるかと思うのですが、僕が好きなのは梅田の『タコハウス』。外はカリカリ、中ヒヒョヒヒョというのが、僕のなかでのたこ焼きの基本。明石焼きは『明石十《と》三《み》味《あじ》』の〝明石玉〟が好きですね。大阪や神戸に行ったときは駅で買いますし、通販もやっているのでよく取り寄せています。

緑茶に救われる男

食事で摂取した脂を流し、吸収を抑えてくれるので、ずっと黒烏龍茶や特茶ばかりを飲んでいた時期がありました。1日7本飲んでたなぁ。それ自体には特に副作用のようなものはないんだけど、悪いクセで僕が飲み過ぎていたからか、かなり頻繁に尿意が。水を飲まないもんだから、血中濃度も上がって、尿酸値も上がってしまって……。なんでも飲み過ぎはダメなんですね。今は食事のときに1本にしています。っていうか、1日に2本を目安にってパッケージに書いてあった……。

そんなとき、テレビで「緑茶のカテキン成分は抗菌作用がすごい。風邪予防にもなる」という特集を見たんです。昔は撮影現場にうがい薬を忘れただけで、「風邪になったらどうしよう」とパニックになっていました。でも、今は緑茶さえあれば大丈夫。うがいも緑茶でして、喉の奥まで殺菌します。日本人のDNAに組み込まれているかってほど、日本ではずっと飲まれていた身近な緑茶が、そんなに体にいいなんて知らなかったんですよね。

僕は緑茶の茶葉を水出しして飲んでいます。「水出し」というと特別な感じだけど、ただ常温の水に茶葉を入れるだけ。2リットルのペットボトルに1センチくらいの茶葉を入れて、浄水器の水を入れるだけ。冷水だと茶葉が開かないし、熱湯だとゴクゴク飲めないので、やっぱり常温がオススメ。水出しで半日も経てば、すごく濃くなります。冷蔵庫に入れておいて、飲む前にペットボトルを振って、僕は茶葉もそのまま飲んじゃう。食物繊維もあるし、茶葉の栄養分、特にカテキン成分をすべて摂取できるから、健康的でしかない。さらに残った出がらしは、お米と一緒に炊いて、茶飯にします。茶葉捨てるとこなしです。

ただひとつ注意点としては、水出し緑茶は大量に作り置きできないこと。以前、たくさん水出し緑茶を作って撮影現場に持って行ったのですが、ずっと常温だと味が落ちちゃいます。だから、新鮮なうちに飲み切らないといけません。その日作った水出し緑茶は、その日のうちに飲み切ることにしています。

海外ロケのときに必ず持って行くのは、伊藤園のインスタントの粉末茶。ペットボトルに入れるとすぐ溶けて、味もおいしい。自宅でも伊藤園の茶葉を使っていますね。あと、佐渡産の粉末抹茶もオススメです。もともと、茶道のお稽古用の抹茶らしくて、成城石井などで売られていますよ。

固執が生んだ嫌いな食べもの

小学生って誰もが目立ちたいときってあるじゃないですか。いきなりなんのことかと思いました？　それで、僕は友達に花を食べられると自慢したことがあったんですよ。公園に咲いている花を手あたり次第摘んで、花びらをバクバク食べて、「ほら、こんなに食べられるけど、平気です」みたいな（笑）。花びらってキュウリみたいな味がして、おいしかったんだけど、食べ過ぎて病院に運ばれてしまった……。それ以来、キュウリが食べられなくなったんです。そのトラウマのせいで、瓜系の青臭い野菜が苦手です。キュウリは唯一苦手な野菜なんですよね。

あと、当時のお弁当のおかずが、毎日のように牛肉の大和煮の缶詰めだったんです。母は宝塚の男役だったので、家事全般があまり得意ではなかった。父と結婚直後は、毎日母、の親衛隊が自宅に僕のお弁当を届けに来てくれていたそう。自動的に届くシステム、すごいですよね(笑)。でも、母も「さすがにこれじゃあダメだ」と思い立って、料理教室に通ったんです。そして満を持して僕たち兄弟のために作ったのが、あるときはバナナがニュッと一本そのまま乗っているカレー……。マズそうな顔をしたら、それ以来食卓に出ることはなかった。

またあるときは、過剰なハンバーグ。料理教室で習ってうまくできたからか、毎日これでもかとハンバーグを食べさせられたことも。昨日、『ココ壱番屋』でビーフカレーにチーズ・イン・ハンバーグをトッピングして食べたけど、本当に「あれ、この前っていつハンバーグ食べたっけ」ってほど、久々にハンバーグを食べましたね。小さいころにハンバーグは一生分食べたので、いまだに誘われてもあんまり行かない。ひき肉の塊があんまり好きではないんです。ハンバーグ、メンチカツ、肉団子、ハンバーガーは自分でチョイスしなくなりました。

だから、世の中のママさんたちは本当に大変だと思うんですけれど、何年も毎日同じ料理を出し続けると、お子さんがその料理を嫌いになるんだと知っておいてほしいです。父は戦時中に毎日サツマイモしか食べられなかったから、サツマイモは嫌いだと言っていました。要はそれと同じなんです。

偏食でなにが悪い！

矛盾しますが、僕は偏食傾向があります。一度ハマると、毎日毎日同じ料理を食べ続けてしまう（さっき言っていたことはなんなんだと……）。

若いころは休みになるたびにニューヨークに行っていた時期があって。シルビアとまだ付き合いたてのころ、二人ともブロードウェイが好きだったから、一緒にニューヨーク旅行に行ったんです。そのとき、僕は中華粥にどハマりしていた時期。お粥なんて病気になったときに食べる白粥しか知らなかったんだけど、鶏粥のようなダシのきいた中華粥を食べたら、感動しちゃって……。ニューヨークという世界の最先端で、一週間毎日チャイナタウンに通い詰め。しかも、注文するメニューはいつだって、チャーシューとミニパクチョイという青梗菜の小さい野菜と中華粥。シルビアにも「これが最高なんだよ！」と強制的に同じメニューを食べさせていました。それを「ニューヨーク行って、なんでチャイナタウンだったの！　なぜお粥だったのよ！」といまだに責められます（笑）。シルビアには本当に申し訳なかった。もっといろんな料理を食べさせてあげたかったです。

思い返すと、あのころは本当の美味いものを知らなくて、特に添加物たっぷりのものを初体験すると、それが震えるほど美味く感じました。それで童貞を卒業した男が毎日セックスをするようにむさぼってしまう。そんな偏食のクセがずっと抜けないでいるんです。

駅弁家族のだんらん

僕が物心ついたときには、両親は家にほとんどいなかった。すると、地方ロケがあるときに僕たち兄弟も一緒に連れ出してくれたんです。幼いころ我が家の唯一の家族だんらんが、新幹線で駅弁を揃って食べることでした。みんなで駅弁をつつくのが楽しかった。だから、僕は8歳から駅弁がずっと好きなんです。

当時、僕の記憶では、駅弁と言えば幕の内弁当とチキンライス弁当とうなぎ弁当の3種類。今でも駅弁で一番好きなのは、幕の内弁当。いろいろなおかずをちょっとずつ食べられるのが楽しいですよね。ただ、駅弁のおいしさナンバーワンは、新潟・新発田三新軒の『えび千両ちらし』です。いきなりランキングをしてすみません。今では東京駅構内でも買える駅弁です。僕はいつも新幹線に乗るときに、三つ駅弁を買って、全部食べるんです。はじめてこの駅弁を買って、フタを開けたときは「ダマされたー！」と思ったんです。だって、弁当にだし巻き卵しか乗っていない。「まぁ、駅弁はあと二つあるし、いいか」と思って、箸を入れたら、だし巻き卵の下に何かある……。めくってみたら、うなぎ、コハダ、イカ、エビがお出迎え！　駅弁業界にはじめてサプライズを持ち込んだ駅弁なんですよ。食べた人はみんな絶対に感動します。味もそこら辺にある寿司屋のばらちらしにも圧勝するほど。

あまりに感動した僕は、包装紙に書いてある会社の住所に「素晴らしい駅弁です」と感想を書いた手紙を送りました。それから、テレビでも紹介したんです。「駅弁は、絶対に出来立てを食べてもらえないもの。すっかり冷めてしまっているのに、これだけおいしいのは職人の努力の賜物です」と大絶賛したら、新発田三新軒の社長が見てくださっていたみたいで、映画の撮影現場に人数分を送ってくれたんです。80個とか大量にですよ。僕が紹介したら、お客さんが増えて、たくさん買いに来てくれるようになったけど、職人の人数が少ないから大量生産はできないんですって。でも、恩返しがしたいと送ってくれたんです。本当にありがたい心遣いです。

忘れられない駅弁リスト

ここからは少しのあいだ食べログ感覚で読んでいただきたい。いつかやらなきゃと思っていた駅弁ナビをこの機会にやらせていただきます。

同じサプライズ系の駅弁で言うと、神戸・淡路屋の『明石名物　ひっぱりだこ飯』も素晴らしい。たこ壺風の陶器にたこや穴子、季節の野菜が乗っているのですが、上のおかずを食べ切ってしまったら、下にあるご飯だけが残ってしまう。そこで、淡路屋の社長が考えたのが、ご飯の中にたこのまぁいってみれば小さいさつま揚げのようなものを入れるという発想。それが後半に残ったご飯のおかずになるんです。すごくホスピタリティあふれる親切な弁当なんですよ。創意工夫がうれしいじゃないですか。ちなみに、僕はそのたこ壺を持ち帰って、たくさんコレクションしていたんです。特に貴重なのは、販売個数1千万個を達成した記念として発売された光り輝く黄金のたこ壺！　でも、あまりにも持ち帰っていて数が多くなったもんだから、シルビアから「もうやめてくれ」とクレームが入って、泣く泣く処分しました……。

静岡の修善寺駅でしか買えない舞寿司『武士のあじ寿司』もおいしい。作っている人がたけしさんという元すし職人。酢で軽くしめられた鯵が、これでもかというほど敷き詰められていて、ショウガや桜葉、おろし金で擦ったフワフワのわさびが乗っている。天城軍鶏とわさび漬け、椎茸、煮物などが入った『武士のわさびシャモ飯』も評判がいいんです。わざわざ修善寺駅に駅弁を買いに行く人がたくさんいるほど人気なんですよ。

変化球でもあるけど『皇居外苑　江戸かおりづめ』という高級幕の内弁当も気に入っています。この駅弁は菊の御紋がモチーフになっていて、同梱されている箸が割り箸ではなく、普通に使えそうな朱色に菊の御紋が入った箸。東京駅でも品川駅でも買えて、弁当自体もおいしいのですが、僕はその箸欲しさによく買っています。駅弁にしては少しお高めですが、箸代だと思えば妥当かと思います。

駅弁ではないので番外編として教えたいのが、『刷毛じょうゆ海苔弁　山登り』というお弁当。僕はおいしかった店があると『食べログ』にコツコツと口コミを投稿するのですが、ここののり弁は本当においしくて『食べログ』にも紹介したほど。弁当は3種類で、弁当箱から鮭がはみ出す『海』、塩こうじとショウガがおいしさの秘密の鶏の照り焼きがのった『山』、れんこん、舞茸、煎り豆腐、やさしい味わいの『畑』があります。あまりに人気がありすぎて、夕方には売り切れてしまうので、僕ものり弁が食べたいと思ったら、午前中、早めに買いに行くことにしています。

とにかく僕は駅弁フリークなので、いろいろな種類を買って、駅弁の食べた種類、ストック数をどんどん増やしたい。でも、次々新しいものが出てくるので、いっこうにコンプリートできない。「駅弁ベスト3は何ですか」と聞かれたら、だから今のところ暫定で1位は東京駅や品川駅で買える『特製幕の内御膳』、2位が『えび千両ちらし』、3位がオーソドックスな崎陽軒の『シウマイ弁当』というところ。結局は凝った駅弁よりもオーソドックスな基本の駅弁のほうが好きではありますね。

駅弁を食べるときの絶対ルール

新幹線には大抵東京駅か品川駅から乗りますが、新横浜駅から新幹線が動き出すまでは、駅弁には一切手をつけてはならない。僕はトイレに行くときに「すみません」と言って、他の乗客の前を通るのが嫌なので、いつも通路側の席をとります。絶対にです。東京駅から乗ったとして、品川駅や新横浜駅で他の乗客が乗ってきたら、通路側に座っている僕はどかなきゃいけない。そのたびに広げた駅弁を片づけなきゃいけない、それは面倒くさい。新横浜駅から名古屋駅までの1時間半弱で、ゆっくり食べたいんです。

あと、車窓が動き出してからしか食べないのも大切なルールです。窓から見える景色が動いてからはじめて、安心して包装を解いて食べはじめます。〝景色と一緒に〟、それが駅弁の醍醐味じゃないですか。だから新幹線に乗って、カーテンをすぐ閉める人、信じられません。景色を見ながら食べなさいと！　だからといって、窓側の席はトイレに行きづらくなるから僕は嫌。困っているんです。僕と新幹線で遭遇したら、景色を楽しみたいので、カーテンは閉めないようにお願いします！

おいしい店の料理をシェフに聞け！

鉄道から街に戻りまして、まだまだグルメは続いていきます。

おいしかった店の気に入った料理のレシピは、前にも言ったけどダメ元で聞くようにしているんです。「ものすごくおいしかったので、家で奥さんのために作りたい」「テレビ番組で紹介したい」などとお願いすると、すごく丁寧に教えてくれるんですよ。僕は同業の料理人ではないから。

例えばパスタなら「トマトやベーコンを使うパスタは、簡単なようで加熱がとにかく難しい。火を使わないほうが、誰でも失敗せずおいしくできる」と、絶品ジェノベーゼパスタのレシピを教えてもらったんです。神宮前の絶品イタリアン『ラ・パタータ』の土屋シェフ直伝です。シルビアがこの店のファンで、シルビアと特別な日に行くんですよ。だから、このジェノベーゼパスタも、家でシルビアに作ってあげました。簡単なレシピを教えますので、ぜひやってみてください。

まず、ミキサーにニンニクを最低1片（好きな量）、オリーブオイルを200cc入れて、ドロドロになるまで混ぜます。それから、バジルを最低5パック（バジルが高ければ、紫蘇を山ほど）、松の実50g（松の実が高ければ、ピーナッツ、アーモンドなどでも可）を、ミキサーにさらに投入して、混ぜる。クルミだともっと濃厚になるし、有塩のミックスナッツだと塩分もあっていいかもしれないですね。塩も適量入れますが、味は基本的にパルメザンチーズ（粉チーズ）で調整してください。パスタに和えてもGOOD！　パスタならリングイネは伸びないので、パンにつけてもいいし、パスタに和えてもいいし、オススメです。これは手順と分量さえ間違えなければ、誰が作っても絶対においしくできるテッパン料理です。

いきなりオリジナルレシピ【お酒編】

先に謝っておきますが、ここからはグルメ料理番組だと思って見ていただきたい！
僕はグルメ雑誌が好きなので、『おとなの週末』は定期購読していますし、『ｄａｎｃｈｕ』や『東京カレンダー』なども愛読している。いいなと思ったら、自分で試すようにしているんだけど、焼酎に茶葉を漬けこんだオリジナル焼酎が本当においしくていい。材料も安くて、手軽であっという間にできちゃうので、一度ダマされたと思ってやってみてください。グルメレシピ、まずはお酒ですね。

まず、「こんなに美味い焼酎飲んだことない」と感激するほどおいしかったのが、
〔麦焼酎『いいちこ　25度』×凍頂烏龍茶〕
スーパーやコンビニでもよく売られている『いいちこ』９００㎖に、凍頂烏龍茶の茶葉を瓶の底１㎝くらいまで入れます。冷蔵庫に入れて３日間放置しておくだけで、絶品烏龍焼酎のできあがり。度数は25度でも20度でもいい。瓶ではなく紙パックのいいちこでもいいけど、中が見えないので、瓶のほうがベターです。激変した〝下町のナポレオン〟、一

度試してみてください。

あと、『喜界島』でも『れんと』でも黒糖焼酎ならなんでもいいのですが、

〔黒糖焼酎×紅茶〕

もまた、オツな味なんですよ。作り方は同じです。黒糖焼酎の瓶に約1㎝溜まるくらいの紅茶を入れて、冷蔵庫で3日放置。実験派の僕は芋焼酎や米焼酎などの違う焼酎や、緑茶などの違う茶葉でも試しましたが、『いいちこ』には凍頂烏龍茶、黒糖焼酎には紅茶がベストマッチでした。

ここでお湯割りなら必ずお湯を先に入れてから焼酎を入れてください。浸透圧の関係でよく混ざると言われています。風味もいい気がするんですよね。その逆で、水割りなら、焼酎を先に入れてから水を入れていただければ！

いきなりオリジナルレシピ　【おつまみ編】

おつまみも自分で仕込みます。よく作るのはゴーヤの輪切り、キュウリ、生ニンニクを寿司酢で漬けたお手軽ピクルスです。キュウリは苦手だと言いましたが、酢に漬けると大丈夫なんです。家にある酢、例えば米酢でもバルサミコ酢でもレッドビネガーでも、とにかくいろんな酢をちょっとずつブレンドすると、さらに味が深くなる。1種類の味噌で作るより、いろんな種類の味噌を混ぜると味噌汁が美味くなるのと要は同じです。味が複雑になって深みが出るんです。朝に漬けて、冷蔵庫に入れておけば、その日の夜には食べられます。本当は漬ける前に、ゴーヤやニンニクを電子レンジで軽くチンすると、浸透圧の関係で、酢が染み込みます。それだと、短時間で十分漬かります。浸透圧、大切ですよ！

このピクルスはNHKのある番組を見ていたら、ゴーヤ農家の方がオススメしていたレシピ。ほかの野菜などでも、農家の方が「実はこうやって食べるとおいしんだ」と〝農家めし〟を紹介していると、気になってやってみることが多いんです。だって、育てている農家の方が一番その野菜を熟知しているんだから、絶対においしいんですよ。

先日も、サツマイモ農家の方が、おろし金でサツマイモをゴリゴリ擦って、味噌汁に入れていたんです。やってみたら、とろみが出て、甘くて絶品。あと、桃農家の方が「桃は皮が美味い」と言っていたので、桃を洗って、ちょっと拭いて皮ごと食べてみたら、やっぱり美味いんですよ。柿も皮が美味いので、皮ごと食べます。農家めしレシピ、どんどん集めていきたいですね。

いきなりオリジナルレシピ【デザート編】

ここまできたら、デザートもいかしてください（笑）。こちらも超簡単レシピ、ぷるっぷるでジューシーなマンゴーヨーグルトです。用意するのは、大きなパック（約４００ｇ）のプレーンヨーグルトと、ドライマンゴーのみ。ヨーグルトは無脂肪のほうが濃厚になりますが、プレーンならなんでもＯＫ！

パックのヨーグルトにドライマンゴーをとにかくぶっ刺します。ググーッと埋め込むんです。ドライマンゴーは1袋でも2袋でもいいんですが、ヨーグルトに埋まる量で。それを冷蔵庫に3日間入れておくと、マンゴーが元のフレッシュな状態に戻って、高級感のある絶品マンゴーヨーグルトに！

人から聞いた請け売りですが、簡単なのでやってみたら、ものすごく美味くて感動。あまりの美味さにテンションが上がって、いろんなヨーグルトで試してみたくなっちゃって、また実験です。その結果、なぜか無脂肪のヨーグルトが濃厚でしたね。あと、ドライマンゴー以外でもぷるっぷるに戻るのかと、ドライストロベリーやドライブルーベリーやドライパイナップルなど、とにかくいろいろなドライフルーツで試さずにはいられなかった。ただ、残念ながらほかは全然戻らないです。マンゴーだけなんですよ。最高のマンゴーヨーグルトが格安でできちゃうので、いろんな人に教えていますね。

いきなりオリジナルレシピ　【差し入れ編】

以前、稽古場に差し入れをしたら「また作って来てください！」と大好評だった手作り肉まんがあるんです。これもメチャクチャ簡単です。用意するのは、粗挽きのパン粉と牛乳。牛乳が苦手な方は豆乳でも可。あと、シュウマイです。シュウマイはスーパーの総菜でも、冷凍でもお好みのでＯＫ。

まず、パン粉をボウルに入れて、ほんのちょこっと牛乳（豆乳）を入れて、こねる。ラップにこねたパン粉をしき、その真ん中にシュウマイを置いて、ラップで包みます。500ワットの電子レンジで約1分半チンすると、もう肉まん。

具材はなんでもできるんじゃないかと思って、余ったロケ弁を持って帰ってきて、肉団子でやってみたら、大成功。残った煮物、カレー、青椒肉絲、ピザソースでもうまくいきました。おかず系だけじゃなく、スイーツ系でも美味かったですね。あんこを入れたら、もちろんあんまんです。

芸能界のグルメ仲間

芸能界で一緒に飲みに行く人もいて、俳優だと吉田鋼太郎さんかな……。芸人だとガリガリガリクソン。でも、みんな忙しいので、そんなに頻繁には会えないですよね。

意外かと思われるかもしれませんが、ヴィジュアル系ロックバンド『ＰＥＮＩＣＩＬＬＩＮ』のギタリストの千聖さんとは、最近グルメ仲間になったんです。千聖さんは高円寺に『塩ホルモン　獅子丸』というお店を出されているんですが、ここも美味いんですよ。千聖さんと知り合ったのは、とあるグルメの会。それからは「絶対予約が取れない店の予約を、奇跡的に取れたので行きませんか」と連絡が来たり。そのグルメの会はしょっちゅう集っているようですが、僕はタイミングが合うときだけ参加しています。でも、僕の一番の飲み仲間、かつグルメ仲間はやっぱりシルビアになっちゃうかもなぁ……。一番一緒に食べたい人だから。

チェーン店からミシュランまで

ここだけの話ですが僕のヘビロテ店は、恵比寿横丁の横にある『名代　富士そば　恵比寿駅前店』。富士そばも店舗によって茹で方も汁の味も違いますが、ここの富士そばがベスト。盛り付けにも愛がありますね。本当によく行きます。

15年前位から『ココ壱番屋』にもハマっています。最初にビーフカレーの5辛を食べたら、もうその時に「これだ！」と（笑）。例のキャッチ力が出ましたね。もちろんシーフードやポークなども試しましたが、やっぱりビーフ。出合ってからは、刺激を求めて6辛を食べていたのですが、辛いものを食べると胃が荒れるので、最近では4辛にセーブしています。

六本木の『天下一品』も忘れちゃいけません。いつも〝チャーシュー麺のこってりに、スー大（スープ大盛り）〟が定番。ライスとキムチも注文します。そして、〝味がさね〟も美味いんですよ。こってりベースの生姜が効いたスープに専用の太麺、具は白菜と豚バラ。揚げネギとおろしニンニクと肉味噌をちょっとずつ足していくんです。めくるめく〝味変〟の世界から抜け出せなくなります。

もうどこも今はチェーン店はレベルが上がっていますよ。特に回転寿司！『スシロー』『無添くら寿司』『かっぱ寿司』はよく行きますし。ちょっといい回転寿司になると、六本木ヒルズの『ぴんとこな』。個人店で行く店なんて、かなり限られていて『おとなの週末』などを読んで、行ってみたりもするんですけど……。そういう店って同業の人がいたりして、やっぱり行かなくなる……。食事は基本1人が好きなので、行きづらいんですよね。その料理と向き合いたいので、会話はいらないと思っています。だから、回転寿司で十分です。いや、回転寿司がいいんです！ おいしい店は尽きることがないし、ジャンクなものも好きだし、チェーン店からミシュランの星を獲得した店まで、幅広く行くことにしているんです。

第6章
胡散くさいほどに健康マニア

スポーツジム論争ぼっ発!

大学在学中、21歳のときに、映画『トットチャンネル』で俳優デビューをして、その後も多くの映画に出させていただきましたが、そのころ若造の僕に映画界の大御所たちが言うんです。「スポーツジムに行ってる奴は大成しない」「スポーツジムなんて通ったら、築き上げた役作りが全部バラバラになる。そんな表面だけ鍛えてもダメだ」とスポーツジムを大批判です。「役所広司はジムに行かないだろ?」と言われたとき、さすがに「僕が10代から通ってるスポーツジムに、役所さん通ってますよ」なんて言えなかったですね(笑)。

東宝ミュージカル『エリザベート』に出演する際には、〝アレクサンダー・テクニーク〟という心身技法を教わりました。これは頭、首、背中の関係性に注目して、変に身についてしまった自己流のクセを直していくメソッドです。痛みを改善したり、事故後のリハビリテーションにも活用されています。舞台人なら知っている人が多いんだけど、呼吸法、発声法、演技を妨げるクセの改善にも役立つとのこと。ポイントはとにかく脱力。

筋肉が邪魔になるので、スポーツジムで鍛えるのはやっぱりダメだったんでしょう。スポーツジムに行かなくなると、確かに声は出るようになったけど、当然太って、どんどん体はタルんでいきました。

どんなに体のインナーを改善したとしても、外見が整っていなくては俳優としてはよくないと思い、8年ほど前に基本に立ち返って、サーキットトレーニングをはじめました。きちんと自分の体と話し合い、トレーナーに個人メニューを作ってもらい、2時間のサーキットトレーニングを週2~3回やって、鍛えています。それからというもの、筋肉や関節の怪我はなくなりました。お気付きかと思いますが、僕と体と健康についての〝ド〟がすぎた章のはじまりです。

骨はムリだ、水素でいけ！

2017年のNHK大河ドラマ『おんな城主　直虎』で、僕は徳川家康の家臣団のひとり、本多忠勝役を演じました。あるとき、「ここは目立ってやろう」と張り切った矢先に、木の切り株に足を引っかけて転んだんですね。まんまと足を骨折しました……。サーキットでは、骨は鍛えられなかった。

不覚にも大河ドラマの撮影中に骨折をしてしまった高嶋ですが、偶然、知り合いから送ってもらった上海の会社『Ｓｕｉｆｅｅｌ』の水素発生器が自宅にあった自分は褒めてやりたいです。早速、鼻にチューブをつけて、毎分３０００㎖で高濃度水素を直接吸引しました。とにかく骨折してから5日間、なるべく動かさずに水素を吸い続けていたら、どんどん痛みも腫れも消え、なんと骨折6日目からはジムに行きはじめ、7日目には焼き肉屋に飲みに行けるほどに超回復。結局、大河ドラマの撮影は1日も休まずにすみました。

驚異の回復力だったので、改めて水素はすごいなと実感しました。水素って、体内でズレている不具合のある細胞を、カチャッと元に戻すことができるらしいんです。そうすると、体のズレや新陳代謝が回復し、人間の本来あるべき姿に戻れる。大麻や覚せい剤などは、人間の本来ないものを入れて、快感を得るじゃないですか。でも、水素は人間の本来あるものを、元に戻すだけ。奇跡の気体。毛細血管まで入り込むから、デトックス効果もすごいし、代謝も上がるし、アルコール分解力もすさまじい。だから、水素を吸ってから飲みに行くと、どれだけ飲んでも酔わないんです。無敵になった気がしますよ。

なんとそんな水素を吸いながら食事ができる『リビングバー　レガロ』という店が六本木にあって、僕もたまに行っています。水素を吸うと味覚が鋭くなるので、素材本来の味がわかるんですよね。ニオイにも敏感になりますよ。タバコ吸わない人だとすぐに効果がわかるかと思います。でも、お酒を飲みすぎると、いくら水素を吸っていても、店を1歩出た瞬間、グワッと酔いが回って、記憶が全部なくなりますが(笑)。

水素は普通の生活をしていれば効果的。破天荒に無茶をすると、まったく効きません。だんだん使ってるうちに、わかってきたんですよ。何事もやりすぎるのはいけないんだって。水素との距離感が見えてきました。

食のゴールデン比率

今も水素は毎日朝1時間・夜1時間吸引しています。そのほかで習慣的にやっている健康法としては、朝起きたらすぐにプレーンのギリシャヨーグルトにハチミツを少しかけて100gほど食べる。それから30分以内に豆乳で割ったホエイタンパク100%のプロテインを飲む。そして、ここ5~6年続けているのは、朝に旬のフルーツを食べること。旬のフルーツには酵素がたくさん含まれているんですよ。スーパーや八百屋で「今、旬のフルーツは何ですか」と聞いてみてください。とにかく朝に旬のフルーツを食べて、酵素を取り入れて、体を起こすんです。昼は体にエネルギーを取り込むために、炭水化物。睡眠中に血や骨や筋肉などを作るために、夜は野菜と動物性たんぱく質。毎日その繰り返しですよ。「朝は酵素、昼は炭水化物、夜は野菜と動物たんぱく質」という黄金比率の食生活をしていると、特に努力をしなくても、自分の本来の体型に戻っていきます。

とはいえ、夜にピザやパスタやラーメンなど炭水化物を大量摂取することもあるし、深酒して全然守れないことなんて、しょっちゅうあります。そんな自分も許してあげたい！　仕事が忙しかったり、飲み会が続いたり、遊びに行ったりしている中で、「朝は酵素、昼は炭水化物……」と固執するなんて僕じゃない。「今日は天下一品のこってりスー大が食べたい」と思えば、行けばいいんです。3日連続で天下一品に行けばいいんです！　ヌード写真集を出さない限りは、そこまで厳密に順守することはないかなと思っています。

健康にここまで執着するようになったのは、芸能界の大先輩でもある父が影響しています。父は仕事がかなり多忙だったこともあり、ストレスからか普段の生活から暴飲暴食が過多でした。そのせいで糖尿病になり、鬱病にもなってしまった。今は元気を取り戻しましたが、そんな父を見て「健康と元気が何よりも大事なんだ」と学んだんです。健康で元気じゃなかったら、何をやっても面白くないし、楽しくない。俳優業だって、健康と元気がなければ、格段にパフォーマンスの精度が落ちます。この当たり前のことが大事なんだと改めて思い知ったんですね。

※ただ今、人体実験中です

僕は健康関連本も読まないし、ネットも参考にしない。誰かに勧められていいなと思ったら、すぐに自分で実践するのみ。例えば、水素を吸ってみたら以前の自分の体とどう変わるのか、それが自分にとって良かったのか、悪かったのか、知りたくなるんです。結果として体調が改善したので、水素はマル、と。試してどうなるか、自分の体を使って人体実験をするのが好きなんです。

「激辛料理を食べて、胃と大腸検査に行ったらどうなるか」を試したこともありました。

僕は激辛料理が好きで、大好物『虎萬元《とらまんげ》 南青山店』の香辛料たっぷり牛肉土鍋麺（水煮牛肉麺）は汗だくになって食べて、『ココ壱番屋』では6辛のビーフカレーを注文します。

そんな辛いものを続けて食べてから検査を受けたら、結果を見ながら医者に「胃壁が荒れてますけど、大丈夫ですか」と言われて。まぁそりゃあそうなんですよ。それ以降ちょっと気を付けるようになりましたね。微々たる注意かもしれないけど、『ココ壱番屋』で6辛を4辛に変えました。


ちょうどそのころは、身動きとれなくなるくらい体調が悪くて、不健康な自分にイライラしていたんです。人ってイライラすると、刺激のある辛い食べものやカップ麺などのジャンクフードを欲するじゃないですか。体調も悪くて、眠りも浅くて睡眠不足だったので、唇がしびれるほどの激辛料理を食べて、汗だくになりたかった。でも、体調は悪いままだから、またイライラして激辛料理を食べたくなるという負の連鎖。逆に、薄味でもおダシの風味を感じて、野菜の煮物やサラダなど素材の味が美味いと思えるときは、健康なんですよね。

体調が悪かった時期は病院にすごく通っていて、処方薬も飲んでいました。体調が最悪で、明日の舞台までに治さないといけないとなったら、さすがに病院に行きます。でも、最近では病院に行くのもやめたし、薬を飲むのもやめました。これは僕がいつもやっている健康法ですが、体を壊したら、とにかく朝、昼、晩フルーツだけを食べ続ける。そうすると、どんなに体調が悪くても、だいたい治ります。その代わり、腹が減ってものすごくイライラしますが（笑）。

やっぱり自分の身をもって納得しなきゃダメなんです。いっとき、スポーツ選手がよく身につけていた『ファイテン』のチタンのネックレスが流行りましたよね。磁気の力で血行を良くして凝りを改善するというやつが。ああいうものも自分でつけ続けてみて、もし効果がないんだったら外せばいいし、効果があるんだったら良かったじゃないかと納得する。チタンは合いましたね。とにかく代謝がＵＰしましたから。そういうことも、自分にしかわからないことなので、とにかくトライしてみることが大事なんです。

海外ライフハック

旅に出るときには、体調の変化に対応できるよう、必ず持っていく同志みたいなグッズがあるんです。ただでさえ時差もあるし、水も食べものも変わるし、便秘になったりしますからね。

ご紹介します。まず何より大切な携帯用の水素発生器。毎日水素を吸っているので、旅先でも水素を吸引して体調を整えます。

あと、『伊藤超短波株式会社』の『ツインセラピー』。これは簡単に筋肉トレーニングができるＥＭＳ機能搭載のコンパクトマシンです。オリンピック選手も持ち歩いている機器で、歩きなれない石畳でねん挫したとか、歩きすぎてふくらはぎが痛いとか、そういうときに救ってくれる。

福島第一原発の汚染水除去装置にも使われているゼオライト（沸石）という天然鉱物を溶かした水溶液も持って行きます。ゼオライトは水質浄化、土壌改良、脱臭、吸水、吸湿などの効果があります。僕は目が痛いときや、蚊に刺されたとき、どこかが打ち身になったときなどに、患部に直接吹きかけます。自然の抗生物質みたいなものと思ってください。

『国際ヒューマンリングケア』のモリンガパウダーも必須アイテム。インド原産の落葉高木のモリンガは、ビタミン、ミネラル類、食物繊維やポリフェノールの含有量が多いことから、スーパーフードと呼ばれている。モリンガ１００％の粉末は、水に溶いて飲むと、青汁のような味。僕は粉を直飲みしちゃいます。

あと、腸内環境を整えるため、豆乳で育てた乳酸菌生成エキスも持参させてもらっています。

ただ、旅行先での便秘やむくみ、体調の悪さは、サーキットトレーニングすると、ほぼ解消されます。運動して血液を全身に巡らせないと、体が重くなるんですよね。運動できる場所がなさそうなところだと、ホテルの部屋でゴムのチューブを使って筋トレしてしのぐんです。

股関節をもっと見てあげてよ！

生きていくなかで〝股関節〟にスポットを当てられる人、いますか？人間の全体重を支え、体の曲げ伸ばしなど動作の中心をになっている股関節。悪い姿勢、腰痛や肩こり、頭痛の原因となる股関節こそよく動かして、筋肉をほぐしておかないといけないんです。

僕は都内を移動するときは、なるべく車に乗らずに、自転車に乗るようにしています。

できればサドルの位置が高めで、前傾姿勢でこぐマウンテンバイクやロードレーサーなどではなく、ママチャリのような自転車がベター。膝が腰から上に上がらないと、股関節が十分に動かないからです。僕は30年前に買ったマウンテンバイクのサドルを下げて、乗っている。スポーツジムでエアロバイクをこぐときにも、イスを下げ気味でやっていると、必ずインストラクターが来て、「髙嶋さん、これ調節できるんですよっ！」と指摘されますが、わかってるわかってるんだって。股関節を動かすためにわざとやっているんですよ。

海外でもレンタルサイクルを借ります。ラオスでも中国でも自転車で移動。ウォーキングも健康にいいと言われていますが、歩きすぎるとスネなど足の前面の筋肉が硬直してしまうから、自転車がいい。今、世の中にはたくさんの健康関連本が出ていますけど、とにかく黙って股関節を動かせばいいんです。

師匠はサウナで出会ったナゾの人物

話は遡り、僕が俳優デビューをする少し前。大学生だった僕は、青山にあるスポーツジムの体験モニターをしていたんです。そのスポーツジムは体育会の学生のデータを集めるキャンペーンをやっていて、成城大学ゴルフ部に所属していた僕に声がかかったんです。「タダでいいから使ってみて、どんな感じだったか教えてほしい」と頼まれて入会。体験モニター期間終了後も、僕はそのスポーツジムに通い続けていました。青山という場所柄もあってか、役者、タレントなどの芸能人、アーティストやスポーツ選手、とにかくさまざまな人が集まっていましたね。

その後も通い続け、初の主演舞台が決まったころ、体作りのためにさらに気合いを入れて集中的にそのスポーツジムに通い、体を鍛えていました。トレーニング後にサウナで汗を流していたある日のこと。サウナで黒光りして並々ならぬオーラを放っていた人がいて、人が1人、また1人と減って、ちょうど2人きりになったときに、「なんかよくない展開だ!」と思っていたら、突然「いい体になってきたじゃないか」と声をかけられました。その人物が、中国宮廷護衛護身術『鳳龍院心拳《はうりゅういんしんけん》』の清水伯鳳先生でした。

あとで聞いたのですが、なぜ清水先生が僕に声をかけたかというと、僕が出演していた映画に、清水先生の娘のあすかさんが女子空手部員のエキストラで参加していたそうで。先生はあすかさんに「髙嶋さんはすごくいい人だったから、同じジムに通ってるなら、挨拶しておいて」と頼まれたんだと。「俺は芸能人なんてチャラチャラしてる奴らは大嫌いだし、挨拶なんてできるかと思ってた。でも、今サウナに入ったら、ちょうどオマエがいたから話しかけてみた」と言われたんです。衝撃の初対面でした。

その後も暑さを我慢して、サウナで話し続けました。清水先生は「おまえが今やってるトレーニングはちょっと違う。無駄なところがある」と。なんだこの流れは……。ただ、ちょうどそのとき、僕がパーソナルトレーニングをお願いしていたドイツ人トレーナーのやり方は、自分の体に合わない気がしていたんです。「おまえも俳優なら、殺陣などの立ち回りなどもやるんだろう。俺が教えている『鳳龍院心拳』は、俳優としても絶対に役立つから、まずは見に来ればいい」と言われ、サウナを出て、そのまま清水先生の自宅へ行ったんです。

プロボディガード清水伯鳳という漢《おとこ》

ここで、少し清水先生がどういう方なのかをお教えします。先生の半生は、詳しくは『極限を生き抜く！　―初公開！　これがプロボディーガードの非情な世界だ！―』（1992年／近代映画社）というご自身の著書にあります。清水先生の家系は中国大陸に源を発し、初代から数えて600年以上の長きにわたり、要人警護に携わってきたといいます。

清水先生は幼少期から要人警護のための英才教育を受けてきました。食事は片足立ちで、上げているほうの足のヒザをテーブル代わりにして皿を置く。もし落としたら一食抜き。夜は丸太の上で寝る。そこに、祖父や父が常に襲い掛かってくるため24時間気が抜けないなど、衝撃的なエピソードの数々……。あるときは、「ここで生きてみろ！」と山奥に置いていかれ、またあるときは突然パラシュートをつけさせられていきなり飛行機から落とされる。そんな超過激な話を聞いているだけで、面白いのなんのって！　まるで『北斗の拳』や『ドラゴンボール』など、漫画の世界です。本当にそんなことがあるなんて！

そして強靭な肉体を武器に〝ブラックＳＰ〟と呼ばれるプロボディーガードとなるんです。映画『ボディガード』のアドバイザーもしたとか。「あんな映画みたいなこと、実際は絶対に起こらないけどな」と言っていましたけど（笑）。最後の仕事は来日したクリントン米元大統領の警護。１９９０年代半ばまで清水先生は世界の要人の護衛任務に就いてきたんです。

国家元首などをはじめとする要人警護の任務のため、『鳳龍院心拳』は清水先生の代まで、一子相伝を堅く守る門外不出の武術でした。ただ、次代の青少年育成に貢献したいと、「相手を倒す武術」から「人を育て活かす武道」に、あり方を変えていったんですね。

僕は子どものころ、ブルース・リーにも憧れていたし、一度きちんとそういう基本の型を学んでみたいと思っていたので、その後、清水先生が院長を務める『鳳龍院心拳』の道場に通いはじめました。最初は当然何もわからないまっさらな状態なので、初級の少年部の練習から参加。わかりやすく言うと、型が中心の空手やテコンドーのような武術なので、体はきちんと作られるし、すごく自分に合っていました。通いはじめて20年以上経ちますが、ちょうど通いはじめたときに、貴乃花関が整体師に洗脳されているという騒動がありました。僕の両親が心配して「政宏も変な人に何か吹き込まれるんじゃないか」「道場の先生に洗脳されてるんじゃないか」と心配されて……。でも、しばらくすると、どうやら僕の知らないところで、両親と清水先生が会っていたようで、気が付いたら両親の方が先生と仲よくなっていた。だんだん清水先生が素晴らしい人だとわかってくれたみたいですね。父が鬱病になったときも清水先生がフルサポートしてくれて。今では恩人です。

アクションが伴う演技をするときには、今でも清水先生に「プロっぽく見えるには、どうしたらいいか」などと相談して、アドバイスをもらっています。そうそう、映画『スマグラー』の拷問シーンは清水先生の話をもとにしているんですよ。清水先生はプロボディガードになるために、ご自身の祖父や父に特訓の卒業試験を出されました。その内容が、麻薬中毒からの更正、電気ショック、足の指の間に熱したキリを刺すの3択。どれかを選ばないといけないんです。清水先生は熱したキリを選択したのですが、キリに肉がくっついたまま抜き出すので、その穴が塞がらずに今でもずっとあいたままなんですよ！

体の恩人、大工ひとみ先生

これまで話した水素やモリンガパウダー、「朝は酵素、昼は炭水化物、夜は野菜と動物性たんぱく質」という食生活の黄金比率、股関節の大切さなど、僕に役立つ情報を教えてくれた女性が、大工ひとみ先生という方です。彼女はマッサージなどの対処療法ではなく、抱えている問題の根本治癒を目指し、本来あるべき体の状態に導いてくれるスーパーセラピストです。あの出会いは大きなものだった。

僕が大工先生と知り合ったのは、10年前。映画『海の金魚』の撮影で約1週間、鹿児島にいたときのこと。他の仕事で疲れも溜まっていたので、「どこかいいマッサージ知らないですか」と現地の人に聞いて、紹介してもらったのが大工先生でした。初対面の大工先生は、僕を一目見た瞬間に怒り出したんです。「あなたは乱れた生活をしてますね」「なぜこんなに体がひどくなるまで放っておいたんですか」と。散々言われたうえ、しまいには「こんな状態で俳優をやってるなんて、恥ずかしくないのか」とまで言われてしまいました。僕は「ただ体をほぐしてもらいたいだけなのに、なんでこんなに叱られなきゃいけないんだ」と、かなりムッとしました。第一印象は最悪ですよ。

最初に問診があって、過去から最近までの詳しい話をするんです。僕は、小学生のときに大きな事故に遭ったとか、かなり太っていたけど高2で痩せたとか、お酒はこれくらい飲むとか、とにかく思いつく限りのことはすべて伝えました。

治療に入るとき、大工先生は僕の顔が事故の後遺症で歪んだままだと言うんです。「鏡を見てください。今のあなたの顔はこうです。長らく放置したままなので、どうなるかわかりませんが、今から治します。きちんと自分の顔を見ていてください」と言われて、治療してもらったら、劇的に顔が小さくなったんです。なんてことだ！

深い腹式呼吸に合わせて、ねじるような形で詰まっていたものをググッと押して、リンパの流れを整え、事故前の元の姿に戻してくれたんです。治療前は散々責められて気分は悪かったし、その腕も半信半疑。ただ、治療の効果があまりにすごかったので、あのときの僕は本当に目から鱗が落ちていたんじゃないかな（笑）。それまでずっと痛みを抱えていた首やヒザも治してもらえました。

もうマッサージに行くのは終わりにしよう

マッサージは気持ちがよくて好きですが、行きグセがついちゃうんですよね。僕も毎日通い詰めていた時期がありました。マッサージの最中はどんなに気持ちいいと思っても、外に出て10分歩いたら、元に戻っている！　なぜマッサージに行くようになったのか、その原因を突き止めないと、永遠にマッサージに行き続けることになってしまう。背中が痛いのなら、姿勢が悪いからなのか、姿勢が悪いのは、腹筋と背筋のバランスが悪いのかなど、根本の原因を改善しないといけないんです。

大工先生は治療だけではなく、体をいい状態でキープできる宿題をいろいろ出すんです。簡単な筋トレとかストレッチを教えてもらって、それをずっと実践していたら、体がやわらかくなり、怪我もしなくなりました。以前と比べると、スーパーマン状態ですよ。人間は本来すごい力を持っているということです。

舞台をやっていると、出演者同士で「どこのマッサージに通っているか」みたいな話で盛り上がるのですが、僕は大工先生に診てもらってからはほとんど行っていません。マッサージよりストレッチと適度な運動をしたほうが、自分の体がほぐれるとわかったので、マッサージはあまり必要ない。

大工先生は鹿児島在住でしたが、今は神奈川県にいるんです。予約がなかなかとれないのですが、今でもたまに溝の口の『フィオーレの森』というところにあるサロンに行って、治療してもらいます。大工先生はもともとオリンピック選手なども診ていた方。ご自身がリュウマチと悪性リンパ腫とギランバレー症候群に罹患して、いまだに苦しんでいます。でも驚異の根性で現場に復帰され、「森の魔女」とか呼ばれているみたいです！　僕の健康のマザー、これからもよろしくお願いします。

第7章
えろてぃっくフェティシズム・ｉｓマイン

自分のフェティシズムを見極めろ！

フェチというのは、なぜそれが好きなのか、なぜそこに興奮するかなんてわからないもの。理由がないだけに、純粋な欲望です。最近はしませんが、昔僕は女の子のマスカラを舐めとるのが好きでした。手の指を丁寧に舐める、舐めさせるのにハマった時期もあったなぁ。「ただやりたい」という衝動のままに……。

僕は胸やお尻は、好きじゃない。胸も3回くらい揉んだら飽きちゃうし、乳首も興味はない。そう立ち止まって考えると、僕は唾液フェチかもしれません。ある飲み会で、アイドルの女の子をジワジワ詰めていって、テーブルの上に唾液をたらさせたときは興奮しました。レズビアンのアダルトビデオで、女の子同士がずっと濃厚なディープキスをしているＤＶＤも好きでしたから。あとね、女の子をエズかせるのもいいんですよ。喉の奥でオエッってさせるのがいい。唾液もエズかせるのもいいけど、そもそも口の中を見るのが好きなんですよ。口腔内フェチっていうんですかね。女の子に「口の中見せて」と言うと、ドン引きされますけど、懲りずによく言っています。

ＳＭショーを見に行くと、僕がアナルフェチでもあるので、「お兄ちゃん来てるんだったら、今日はアナル責めを見せますね」とサービスしてくれるんです。僕は普通の挿入には興味はないんです。僕がただひとつ興味があるのは、クスコ（膣鏡）という医療器具を肛門や膣に差し入れて、開いて中を見ること。もちろんやったことはないんですけど、エログロ、スプラッター、内臓が好きなので、やってみたら興奮するかもしれない。お尻や肛門は外じゃなくて中に興味があるんです。これもフェチですよね。

そういう意味でいうと、カナダの鬼才、デヴィッド・クローネンバーグ監督のサイコ・

スリラー映画『戦慄の絆』は最高なんですよ。狂った医者が患者を切り刻むのですが、場面ごとに医療器具が非常に効果的に撮られているんです。医療器具って僕にとって変態的な形状だと感じるんですよ。フォルムに興奮するんです。たまに共演女優に「今度クスコ持ってくるから、中見せてよ」と言うんですけど、死ぬほど引かれますよね（笑）。

主婦の卑猥さに憧れて

アダルトビデオって最近全然見なくなりましたね。今はアダルト動画共有サイト『XVideos』の無修正を見過ぎて、逆にボカシが入っているアダルトビデオのほうが妙に興奮するかもしれない。『XVideos』では熟女系ばかりを集中的に見ますね。「このオバチャンがこうなっちゃうんだ」「こんなことまでしちゃうんだ」みたいな意外な猥褻感が漂わないと。ちょっと崩れた汚さに興奮するんです。だからこそ、スラッとしたすごくキレイなモデルみたいな女の子にはまったく興奮しない。キレイで完璧だと、猥褻感が漂わないですから。美しいのは面白さがない。アートみたいだって思っちゃうんです。アイドル的な売り方をしている人気AV嬢の子たちは、やっている内容はすごいかもしれないけど、そんなに好きじゃないですね。この街のどこにでもいるような主婦が、こんなことするんだという脂ぎった意外性がいいんですよ。

そういう下ネタを忌憚なく話せる相手が最近見つかって。『TENGA』の松本光一社長なんですけど。下ネタを話しているうちにいろいろ教えてもらったことがありました。TENGAは男性のために作られたオナホールですが、実は身体障がい者の方にもすごく役立っている道具なんです。体が不自由でオナニーがうまくできない人のペニスをTENGAに入れるところまでやってあげて、部屋を出て行くという介護士がいるんですって。身体障がい者の性欲を満たしてあげる。体が不自由な方にどうやったらもっといいものが提案できるか改良を重ね、研究に力を入れているそう。あと、性犯罪を少しでも減らせるように、災害があった被災地に配ったり。それを知ったときに「本当に素晴らしいな」と感動しました。『TENGA』はただのオナホールじゃなく、社会貢献に役立つグッズなんです。松本社長は徳を積んでいる方なんですよ。

遅咲きの狂い咲き防止！

僕が舞台に出演すると、よくＳＭの女王様が見に来てくれるのですが、差し入れがアダルトグッズだったりすることも多く。僕が面白がって、楽屋の入り口の暖簾にアナルバイブを吊り下げていたら、共演している子役が「何これ！」って食いつくんですよ。そりゃあそうですよね、何に使うかわからないものが目の前にあるんだから、当然の疑問です。だから、僕は「これはね、アナルバイブと言ってね……」と教えてあげようとしていたら、ちょうどいいタイミングでプロデューサーが通りかかって、「高嶋さん、勘弁してくださいよ。親御さんに怒られちゃいます」と止められちゃって……。

でもね、エロとか性とかそういうものは、早い段階から知っておかないといけないと思うんです。一番ダメなのは、遅咲きの狂い咲き。ずっと勉強ばかりしてきて、超一流の大学に入って、キャリアで官公庁や一流企業に入ったけど、それまで全然女性と関わってこなかったって奴が危険だったりする。僕は「自分と関わる女優は、全部自分の女だ」と憚らずに言っていたプロデューサーを知っています。彼もずーっと勉強しかしてこなくて、入局したエリート。30代半ばでプロデューサーになったもんだから、何かを勘違いしたんですね。その後、彼の言動で女優さんとかなりトラブルになっていました。それを見たときに、遅咲きの狂い咲きは一番よくないと思いましたね。やっぱり若いときからちょっとずつ慣らして遊んでいかないと。段階を踏んで、遊んでいったほうが、大きな間違いをすることがないんです。

『鳳龍院心拳』の道場仲間が黒帯に受かったときにも、そのお祝いでSMバーに連れて行ったんですよ。そしたら、彼の奥さんから「もう連れて行かないでください!」と怒られてしまった。バラ鞭で叩かれて、ロウソクたらされるくらいのソフトSMなんですよ。そんなに過剰反応するアブノーマルなことは、何もしていないんです。でも、奥さんはどうしても嫌みたいで、「絶対やめてくれ」とワーワー騒ぐ。一方、その夫の方と言えば「楽しかったから、また連れて行ってください！」と言うものだから、僕は板挟み状態ですよ。変態まではいかないけれど、彼も気に入ったようでよかったなとは思っていますけど。大切なのは、本人のフェチ。あわてずゆっくり重ねていってください。

若くてキレイな子には興味がない

現実でも、昔から若くてキレイでスラーッとしたスタイルのいいモデルみたいな女の子には、あんまり興味がありませんでした。そりゃあ若いころはモデルと付き合ったこともありました。でも、例えどんなにキレイだとしても、性格悪かったら3日で嫌になるんだと思い知ってからは、逆にモデルは避けるようになりました。「キレイな女の子を連れているのはステイタスだ」と思っている男がいますけど、いくら見た目がキレイな子と一緒にいても自分が楽しくなけりゃつまらないし、なんだか虚しくなります。どうせすぐ嫌になって、数日で別れるんです。だから、「いい女をナンパしたい」なんて気はもうさらさらないですね。昔はディスコに行くと、かわいい子に声はかけていましたけど(笑)。

以前から、合コンや飲み会で周りの男たちが「あの子いいね」という人気のある女の子を、いいと思ったことがない。クラブなどで「この子、かわいいでしょう」と友達から紹介されることもありますが、確かにその子はキレイかもしれないけど、それ以上でもそれ以下でもない。人と好みがかぶらないんですね。女性は愛嬌があったり、話し上手で面白かったりするほうが、自分が楽しいじゃないですか。

しかも、最近はSMバーしか行っていないので、若いとかキレイとかかわいいとかスラッとしてるとか、全然関係ないんです。僕は基本的に物理的な美醜には興味がない。ヤりたいとかでもない。その子が変態プレイを見せてくれるのかどうかが重要です。それ以外はどうでもいいんですよ。

大切なのは「変態かどうか」ただひとつ

僕のこだわり、女の子のタイプは「変態かどうか」の1点のみ。そこで、僕なりの変態の見つけ方を編み出したんです。一番簡単なのは、どこに行っても、SMの話や下ネタをずーっと延々し続けること。大半は嫌悪感を抱かれてしかめっ面をされるか、スルーされてなかったことにされるか。まれにもっと僕の話を聞きたいのだけど、周りの目があって恥ずかしいという人もいます。その3パターンか、〝同志〟しかいないんです。同志はフェイスブックやLINEなどSNSで繋がって、オープンな場所ではみんなでやりとりしていても、個人的に僕だけに「興味があるので連れて行ってください」と連絡が来ます。すると、僕は「あぁ、この人も〝同志〟だなぁ」と気が付くんです。

そうした同じ穴のむじなは、なんとなくはわかります。「この人、もしかしたら変態なんじゃないか」と感じるんです。だから、僕の変態の見つけ方によって、〝同志〟だったと判明したときには「やっぱり僕の見立てはまちがってなかった!」と密かな喜びを感じます。変態の女の子と一緒にＳＭバーなどの店に行っても、彼女と僕がイチャイチャするわけではありません。僕の緊縛のモデルになってもらったり、彼女が勝手に他人に縛ってもらったり……。そこには、ヤッたりヤられたりという関係性はない。フェチの世界なので、各々の欲望に身を任せて楽しむだけなんです。

〝同志〟吉田鋼太郎

俳優の中で〝同志〟といえば、数年前から仲よくさせていただいている吉田鋼太郎さんですね。仕事でもご一緒することがあって、ドラマなどの現場で、ずーっと２人で下ネタを話していますね。鋼太郎さんとの初対面のとき、僕が鋼太郎さんに抱きついたんですよ。ＴＢＳの緑山スタジオでエレベーターから降りてきた鋼太郎さんを見つけたので、突然後ろから羽交い絞めにして、「シルビアに『ヤらせてくれ』って言ったんですってね。聞きましたよ」とビックリさせたんです。鋼太郎さんは「いや、あれは酔っぱらってて……」

とアワアワと焦っていました（笑）。「いや、いいんです、いいんです。僕、そういうの気にしないし、面白いじゃないですか。変な意味で抱きついたんじゃないんです。はじめまして、どうぞよろしくお願いします」というのが、鋼太郎さんとの最初の出会いなんですよ。最高に面白い方です。

残念ながら今のところ女優には変態がいないですね。やっぱり「女優の私が、ＳＭバーに行くなんて、フェチをさらすなんて」というプライドの高さと真面目さが邪魔をするんでしょうね。しつこく誘ってもみたんですけど、ダメです。

テレビのバラエティだけではなく、撮影現場や舞台稽古の合間など、とにかくいろんなところで変態話をしているんですけど、不思議なことに所属事務所（東宝芸能）からは一度も止められたことはないんです。ふと気が付いて、心配になり、「いやー、なんかすいませんね。ＳＭの話ばっかりしてるから、最近仕事のオファーもなくなったりしてるんじゃない？」と言うと、マネージャーは「いや、また違った方面の仕事が入ってきますから」と言ってくれました。これからは安心して、どんどん変態話をしていこうと思います。

ただここ数年、ずっとＳＭ話や下ネタしか話していないので、逆に真面目な質問をされると、ドギマギしちゃうんですよ（笑）。先日も撮影現場で「髙嶋さんって殺陣の稽古とかするんですか」と聞かれて、答えるのにやたら緊張しちゃって、「木刀とかは振ったりしますけど……」としどろもどろになっちゃいました（笑）。

第8章
スピリチュアルMASAHIRO

実は霊感あります

昔は人の言うことを鵜呑みにして、「あの人はこう言った」「この人がこう言ってる」と人の意見で右往左往していました。というのも、きっと〝自分〟を持っていなかったから。だから、若いころは洗脳されやすかったと思います。バブル期には新興宗教が流行っていて、周りには口車に乗せられて入信させられ、財産を根こそぎ奪われた人もいたし、怪しい霊感商法の品物を高額で買わされた人もいました。僕もダマされそうないいカモだったと思うのですが、なんとか大丈夫だったんです。

僕は霊感があるようなんです。確かに、話を持ち掛けられたことはありました。バブルのときって、ディスコや飲み会の席でも新興宗教の勧誘が本当に多かった。そこで、僕が実際に遭遇した霊的な体験話をすると、だいたいそういう〝まがい物〟の人たち、霊感もないのに作り話をしてくるような人たちは、サーッといなくなっていくんですよ。要するに、僕が〝本当の〟話をし出すと、「この人は本当に霊感あるのかも」と思って去っていくようです。僕が遭遇した数々の不思議な出来事について、お話しします。

だいたいいつもお墓参り

原因はわからないけど、本当に体調が悪いときがこれまで何回かありました。風邪ではないんですね。そういうときって、歩いていても自転車に乗っていても、たまたまお墓ばっかりにぶち当たる。「またお墓だ」って。「そうだ、最近お墓参りに行ってなかったな」と気が付いて、お墓参りに行ったら、スッと体調が戻るんですよ。ご先祖様の大切な回忌法要を親族が誰もやっていないときには、かなり具合が悪くなりました。実際に行ってみたら、お墓の周りが草ボーボーで雑草だらけ。そこで、僕がお墓をキレイに掃除して、きちんとお経をあげてもらい、お線香を焚いて、お参りをすると、不思議と体調は戻るんです。

2003年、パルコ劇場30周年記念公演で美輪明宏さんがプロデュースする戯曲『黒蜥蜴』に出演することになりました。その時期も僕は体の具合が最悪。神戸公演前、羽田空港から伊丹空港まで美輪さんと一緒に移動することになりました。美輪さんはかねてより「咳をする人がこの世で最も嫌い」と言っていたのですが、飛行機内で咳がひどいおじさんがいたんですよ。「伊丹に着いたら、美輪さん機嫌悪いかな」と思って、到着後すぐに「美輪さん、今日は咳すごい人がいましたね〜」と話しかけたら、「えっ、何言ってるのよ。咳をしてる人なんて、一切いなかったじゃない」と言うんです。あれ、僕の勘違いだったのかな。いや、でもすごい咳だったし……と思っていたら、美輪さんご自身がすごく咳き込んで、「あなた、お墓参りにちゃんと行ってるの？」と急に言いだしたんです。「あなたの後ろの前かけして紺色の着物着たオールバックのおじさんが、〝お墓参り来てくれたらうれしいのに〟って言ってる」と。ギョッとしましたね。僕の母方の実家は神戸にあって、神戸のお墓参りには全然行けていなかったんです。

その日の夜8時ごろから劇的に体調が悪化しました。ホテルの部屋にたくさん旬のフルーツが置いてあったのですが、それすら食べられないほど気持ちが悪いんです。寝れば治ると思ってすぐに寝たのに、翌日も全然体調は回復せず。具合が悪いまま、夜の公演に出演しました。すると、1幕目が終わったときに、美輪さんが「お墓の場所は分かったの？」と話しかけてきたんです。「今すぐ親にでも親戚にでも電話して、お墓の場所を聞きなさい。きちんと行かないと、大変なことになるわよ」と……。

これはさすがに行かないと、と思い調べたら、お墓の場所が判明して、翌日に神戸の御影霊園に出向きました。すると、ご先祖様のお墓は泥だらけで、周囲も雑草だらけ。「ドライフラワーでもこんなに茶色くならないぞ？」というほどひどく枯れた花が差してありました。僕は「すみませんでした」と謝りながら、お墓の掃除をして、雑草をすべて取りのぞき、お花を買いなおしました。お線香を焚いて、手を合わせ、心の中で「実は僕、結婚したので、今度嫁さんも連れてきます」と言った瞬間、ピキーンって体が固まって、低い声で「まずは両親だろ」と聞こえてきたんです。「あ、そうでした、まずは両親でした」と言って、すぐにその場で携帯電話を取り出しました。両親と弟に「神戸のお墓参りに来てないでしょ。とにかくいつ来られるのか」と聞くと、そういうときはなぜか全員のスケジュールがすぐに合うんですよね。それで、「ありがとうございました。みんなでまた来ます」と唱えたあとに、「やれやれ。一生懸命掃除したから、腰が痛くなっちゃったなぁ」と思ったら、またビキーンって体が固まって、低い声で「なにが腰が痛いだっ！」と怒られました（笑）。

「でも、今回はこうして自分が掃除できたけど、神戸だし、そんなに頻繁に来れないよなぁ」と困って、途方に暮れていたら、初老の男性に「高嶋さんじゃないですか」と声をかけられました。「私はこの墓地の清掃をしてるんですよ。もしご入用でしたら、私と契約すれば、定期的にお掃除をしておきますよ」と言われたんです。全部、ご先祖様に導かれているんですね。後日、神戸で家族と集まったときに、特に霊感のない父と弟は「なんで神戸にまで呼ばれたの?」と不思議がっていました。「こういう経緯があって……」と説明したのですが、ポカーンとしていましたね。

霊感があるのは母と僕だけ。母が僕を産むとき、病室の上から黒い服を着た人たちがずーっと覗いていたといいます。東京・中野にある松源寺も母方のお寺なのですが、そこに近づいた母方の男の兄弟は全員死んでいったと言うんです。だから、僕たち兄弟も絶対に近づいてはいけないと家訓のようにずっと言われていたのですが、神戸の一件でお墓参りの大切さを知った僕は、内緒で行ってみたんですよ。そこでお墓をキレイに掃除して、しっかり拝んできました。

2年ほど前に、またすごく体調が悪くなりました。直感的にまたこれはお墓なんじゃないかと思って、中野の松源寺に行ったら、ちょうどご先祖の最も大事な回忌法要を忘れていた。親戚も来ていないということで、僕がやるしかないので、やってきました。案の定、体調もスッキリ。お墓ってみなさん大切なものなんですよ。

仕事先で起こる不思議な出来事

時代劇に出演することになり、長期ロケで京都に滞在していたときのことです。京都御所の向かいのホテルで寝ていたら、午前3時くらいにふと目が覚めたんです。そしたら、マイクのような大きなボリュームで「お狐様は、姿を変えて現れる」「お狐様は、姿を変えて現れる」と聞こえてきたんですよ。なんなんだろうと思ったんですけど、またウトウト寝てしまって、夢うつつで朝を迎えました。いつものようにシャワーを浴びていると、微妙な気配を感じてですね。そこで、シャワーカーテンをバッと開けて鏡を見てみたら、シャワーの湯気で曇った鏡に「三か条」と書かれていたんです。「掃除のおばさんがイタズラでもしたのかな」と思い込もうとしたんですけど、シャワーを浴びる前は絶対になかったんですよね。シャワーを浴び終えて、体を拭いて、ふと鏡をまた見てみたら、もう「三か条」の文字がキレイさっぱりなかった。もし誰かのイタズラだったら、鏡に指の脂がつくので、少し跡が残りますよね。でも、何にも残っていない。

そして、翌日、またシャワーを浴びていたら、また違和感がしたんです。「またか」と思って、シャワーカーテンを開けて鏡を見たら、左側には脚の長い亀に蛇が巻き付いた中国の霊獣『玄武』、真ん中にはデビルマンのような大魔人、右側には馬や牛のような動物が、鏡に映り込んでいた。また湯気がおさまったら、何も映っていませんでした。なんだったんでしょうね……。僕もよくわかりません。ただ、たまたま知り合ったスピリチュアル系に詳しい人が言っていたのは、「鏡に映ったのは恐らく神仏。位の高い霊だったんじゃないかな。お狐様といえばお稲荷様だし、特に悪い傾向ではないんじゃないか」ということでしたけど。

12年前にも、不思議な出来事がありました。豊洲にあるスタジオで舞台の稽古をして、車で汐留から高速道路で帰途についたんです。しばらく走ると、道が混んできて。首都高はよく渋滞するので、しかたないなと思っていたら、ちょっと先を黒くて丸いケバケバしたものが横切ったんです。僕は人影だと思って、「あの人、事故っちゃう！　死んじゃう！」と思った瞬間、後ろからピーポーピーポーとサイレンが鳴って、救急車が通って行きました。そこが事故現場だったんです。それが最初で最後の動く霊でした。あっという間の出来事だったので、怖いと思う暇はありません。ビックリはしましたけどね。

スピリチュアルな決めごと

そういう霊関係の話にはあまり関心を持ってはいけないんです。それは霊感を持つ人全員に共通することで、例え目の前に霊が現れても無視すること。

あと、そのほかに自分で決めていることといえば、寝るときはあえて北枕にするということ。よく「北枕はダメ」といいますよね。なぜ北枕がダメなのかというと、仏教の祖であるお釈迦様が頭を北の方角に向けて入滅されたからだと。古来よりエネルギーは南から北に抜けていくと信じられていたため、死者に生き返ってほしいと北枕にしていた風習もあったといいます。どちらにせよ日本では死を忌む傾向があり、北枕は縁起が悪いと忌み嫌われていました。でも、僕は具合が悪いとき、北枕で寝ると元気が出るんです！　北枕は心臓への負担を軽減するとも、地球の磁力線に沿って寝ると血行が促進されるとも言われている。もちろん自宅のベッドは北枕。旅行先にも僕は方位磁針を持って行って、ベッドの位置を直して、絶対に北枕にする。シルビアはまったくそういうことに興味がないので、僕が北枕にこだわっているのも、「この人、いったい何をやってるの？」という怪訝なまなざしで見てきますね……。

美輪さんから紹介していただいた沖縄の先生から教わったヒーリングもやっています。手当て療法といって、手を当てることで患部の不調を治療する方法です。誰でもできるので、やってみてください。両手を合わせて、36回手をこすります。36回という回数が大事だそうです。そして、擦った手を、傷みのある患部に当てるんです。ただし、左半身にある部位なら右手、右半身にある部位だったら左手を当ててください。すると、じんわり温かくなって癒されるんですよ。

また、普段身に着けているパワーストーンなどは、ご縁があって僕の元に届くものばかりです。今僕が着けているネックレスの石は、水晶の中に水晶が入っている珍しいストーン。クオーツ・イン・クオーツです。タイの海底から見つかったそうです。最初は小さかったのですが、だんだん大きくなっています。これはいつも治療してくれる大工ひとみ先生の紹介で購入しました。いや、ダマされていないですよ。

そして、腕にはめている数珠は比叡山の大阿闍梨《だいあじゃり》の方が作ってくれたものです。僕がお世話になっている祇園の元芸妓の安藤孝子さんからいただきました。以前はこのほかにもチベットの赤珊瑚の数珠も着けていたのですが、その数珠は自分に合わなかったみたいで、外しちゃいました。

というのも、その赤珊瑚の数珠はタニクリニック院長の故・谷美智士医師にいただいたんです。谷先生は数年前に亡くなりましたが、生前の谷先生とお話しさせてもらったときに、「髙嶋さんはスピリチュアルなものに興味がおありなんですか？　これは数珠なんですけど、差し上げます。僕もお坊さんからもらったもので、タダ同然なので、どうぞ」と赤珊瑚の数珠をいただいたんです。赤珊瑚なので最初は赤くてピカピカして光沢もあったんですけど、2日くらいつけていたら、完全に艶がまったくない黒ずんだ玉になってしまった。それを谷先生に見せるために持って行ったんですよ。そしたら、「ゾーッとしたぁ。これ、なんかよくないですね。こんなのは見たことがありません。これってあの赤珊瑚の数珠ですよね？　到底同じものとは思えない。もうつけないほうがいいですね」と言われて、外しました。だから、自分に合わない、ダメな場合はそのもののほうが拒否反応を起こして、去っていくことになるんですね。僕もはじめての経験でした。

美輪明宏の存在

ありがたいことに、僕にとって恩人はたくさんいますが、仕事上での恩人は美輪明宏さん。本当に俳優としての心構えからアドバイス、演技指導まで、何から何までお世話になりました。

美輪さんに最初にお世話になったのは、『双頭の鷲』ジャン・コクトーの名作です。次の江戸川乱歩作の冒険探偵小説『黒蜥蜴』は、１９６９年に三島由紀夫脚本で戯曲化されて以来、何度も舞台化されています。僕が明智小五郎役で出演した舞台では、美輪さんが演出、美術、音楽、衣装を担当し、さらに主演の女性盗賊・黒蜥蜴も演じるという、まさに美輪さんプロデュースの舞台でした。

ただでさえ三島由紀夫さんの戯曲は難しいので、まず、美輪さんは「とにかく世界観や台詞に込められた意味をわからないとダメ」と言われて、その理解のために、昭和30年代の日本・世界を含めた映画、ドイツのタンゴ、フランスのシャンソン、クラシックやオペラなど、とにかく参考になることを惜しみなく教えてくれました。美輪さんは「私に関わった人には絶対恥はかかせない」というポリシーをお持ちです。僕は舞台の経験が浅かったので、「台詞の読み合わせまでに完璧にしてあげるから」と、美輪さんのご自宅で特別に個人レッスンまでしていただきました。

美輪さんの現場は私語禁止。役者もスタッフも禁止。あと、役者同士の食事会も禁止。役者同士が仲良くなると、ロクなことにならないと言うんです。稽古をはじめる前、美輪さんは「これから稽古はじめるけど、うまくいかないからとブルーになったりしないで、この稽古場を出たらすぐに忘れなさい。私に言われたことを気にして嫌になって、お酒を飲んで憂さ晴らしなんかしないで。たった数カ月かだけの話なのよ。修道院に入った気持ちでやってもらわないと困ります。お客さんがいくら払って、舞台を見に来てくれてると思うの。たった数カ月なんだから、我慢しなさい」とピシャっと言われました。気持ちが引き締まりましたね。あと、ロックを聞くと精神が乱れるからという理由で、ロックも禁止。僕はロック好きなので、ある日その約束を破ってリフレッシュのためロックを聞いてしまって。美輪さんに翌日「今日のあなた、なんだかちょっと感じが違うけど、昨日何かあったの？」とすぐに指摘されました。さすが美輪さん、怖いくらいお見通しでした――。

美輪さんの仕事にかける思いや美意識、知識は圧倒的にすごいんですよ。例えば、稽古場に行って、普通に「おはようございます」と挨拶すると、「発声がなってない」と怒られます。「私が高い声で『おはようございます』と言ってるのに、なぜあなたも高い声を出すの？　相手のキーをきちんと把握したうえで、バランスをとりなさい。こういう場合は低い声で挨拶するのよ」と！　あと、「あなたは〝お〟の発音がいい！」と。母音のひとつを取り出して褒められたのも衝撃でした。〝お〟のように他の母音も発音しなさいと。

稽古中も、別の俳優が「あなた、飛行機ね」と美輪さんに言われたことがありました。最初はみんな、冗談なのかなと思うじゃないですか。だから、言われた本人もちょっとふざけてブーンとやっていたんです。すると、美輪さんは「全然違うじゃないの」と言って、自分で本気の飛行機をちゃんと演じてみせる。「そうじゃないでしょ」「ちゃんとやりなさい」と言われ続けて、最初は笑っていた人たちもみんな「これは冗談じゃなくて、マジなんだ……」と凍りつきました。まったく笑えません。その後、その俳優は1時間以上、飛行機に見えるまで何度も何度もやりなおしをくらい、泣きそうになりながら真剣に飛行機を演じ続けていましたね……。

あと、舞台での立ち位置や所作の角度などもすごく厳しいんです。観客席からどう見えるかを常に考えられている。女優さんの脚の組み方とか角度にも厳しく指導して、何度もやらされて女優は泣くんですね。でも、「泣いてたってはじまらないですよ。ほら、もう一度やってみて」と続けるんです。泣こうが何しようが関係なく、指導は続きます。厳しいのですが、すべては舞台のため。その女優のためにもなることだって、あとから気が付くんですよね。美輪さんの指導には愛がある。だから、美輪さんを慕う人が後を絶たない。美輪さんの口から出る言葉すべてが、不思議な力を持っているんです。

第9章
妻・シルビアを愛させていただきます！

もっともっと甘やかせたいんです

休みの日はとことん妻であるシルビアに尽くします。ある日の我が家でいえば、シルビアが昼ごろに起きてくるので、まず僕はご飯か、パンか、麺か、シリアルか、朝食に何を食べたいのかを聞きますね。シルビアは「素麺がいい」と言ってから、そのままシャワーを浴びに行きます。僕は「『キュー』出しなさいよ」と言いに行って、「キュー」と言われたら、素麺を茹でて水でしめて、ちょうどいいタイミングで出す。卵焼きを焼くタイミングもちゃんと見極めます。そのままショッピングデートに出かけたら、僕は自分の分も見ますけど、シルビアに似合いそうな服を見立てて買ってあげます。

昨日も、テレビ東京の通販サイト『虎ノ門市場』で購入した〝ぜいたく茶そば〟を茹でてあげていたのですが、「いつも僕が作ってるから、たまにはシルビアもこういうことをやるかい?」と聞いたら、嫌だと一蹴されましたね。「じゃあ、僕が一生こういうことすればいいの?」と聞いたら、「そう。一生お願い」って。僕は完全にシルビアを甘やかしていますね。そしてそれを喜んでもいますね(笑)。

ウチの夫婦は、家事はどちらかがやれるときにやるというスタイルなんだけど、僕がせっかちで几帳面な性格なので、ついつい先にやってしまう。洗濯も自分でやります。お気に入りのロックTシャツは裏返して、ハンガーの跡がつかないように干すとか、こだわりがあるんです。掃除もやるし、食器もすぐに洗っちゃいます。僕は料理をしながら使ったものを洗って、料理ができあがったときにはちょうどすべての洗い物も終わっているのが理想。達成感がありますから。シンクに洗い物がどんどん溜まっていくのは、ただ嫌なんです。

僕のはじめての女性

シルビアと出会う前の僕の女性関係は、人から見たら〝とっかえひっかえ〟だったと思います。嫌な男ですね（笑）。どうしてもバブルグセが抜けなくて、ちょっとでも嫌だと、もう二度と連絡をとらない。ちょっとでも気に入らなかったら、すぐに次にいく。別れもきちんとせず、何も言わずに、どんどん女性から女性へ渡り歩いていたんです。誰にも執着しなかったし、誰にも未練はありませんでした。でも、そんな中、ケンカをして「なんでこんなことになっちゃったのか。改めてきちんと話して、関係を元に戻したい」と、とことん話せたのは、シルビアがはじめてだったんです。先日、対談番組で岩下志麻さんとかたせ梨乃さんとご一緒させていただいたのですが、「まさか結婚するとは思わなかった」「最も結婚から遠い人だと思ってた」と言われました。当時から僕は悪名高く、遊びっぷりはかなり有名だったようですね（笑）。

シルビアにはじめて出会ったのは、２０００年のミュージカル『エリザベート』の顔合わせでした。第一印象は「かわいい子だなー」。昔から僕はハーフの女の子が好きでした。シルビアはお父さんがドイツ系スイス人なので、少しイタリア語が話せます。稽古に入り、演出家が「髙嶋さんのイタリア語がどうか、聞いてあげてくれ」とシルビアに頼んで、僕がイタリア語の台詞を披露したんです。すると、シルビアは「全然ダメですね」と一言吐き捨てて、パッと去って行ったんですよ。「ダメならダメで、どこがダメなのか教えてくれたり、指導してくれたりすればいいのに、なんて失礼な奴なんだ！」と、僕は逆にシルビアを無視するようになりました。若いですね。

シルビアはそんなことがあったのも覚えていないのか、僕が稽古前にストレッチをしていたら、「髙嶋さんって体がやわらかいんですね」などと気さくに話しかけてきた。僕はシルビアに嫌悪感を抱いているので、本当に話しかけないでほしいと、あからさまに邪険な態度をとっていたけど。

そんな感じで稽古期間が終わり、本番がはじまりました。僕は共演女優たちに「食事行こうよ」「デートしようよ」と誘いまくっていたのですが、みんな僕がチャラチャラしているのを知っているのか、「またまたぁ。みんなにそんなこと言ってるんでしょ」と言って、誰も取り合ってくれなかった。でも、シルビアだけが「いつ行きますか？」と食いついてきたんです。そこから「この子は悪気があるんじゃなく、ただストレートで素直な子なのかもしれない」と少し印象が変わったんです。舞台後にみんなで飲みに行ったときなどに話してみたら、音楽の趣味が合ったりして、どんどん惹かれていきました。シルビアは長野出身だけど、ずっとインターナショナルスクールに通っていたし、大学はボストン大学なので、やはり外国のストレートな感覚が強かっただけだったんです。

パワハラ夫

シルビアと付き合いはじめたとき、僕は周りからの影響を受けすぎて、最初はムチャクチャなことを強要していた。「女と付き合うときは、付き合いはじめが肝心だ。先に女より上に立たないと」と言われたことを真に受けて、3歩下がって歩け、でも目的地には先に着けなど、ひどい態度をとっていました。一緒に食事をしに行って、「オーダーの仕方が気に入らない」とキレたりもしていましたね。当時のことを振り返ると、改めて自分はひどいパワハラ男だなって思いますよ。

結婚当初も、僕は体調が悪かったり、自分自身の仕事の方向性が見えなくてイライラして、シルビアにひどいことを言ったことも数知れず……。シルビアが舞台で共演する俳優に対して、会ったこともないのに「あいつは下手くそだ」「あいつは性格が悪い」「あいつはきっとこういう奴に違いない」と勝手に決めつけて、文句を言ったり。シルビアは「なんで会ったこともないのに、そんなことを言うの？　あの人はいい人だよ」とかばっていました。シルビアのインターナショナルスクールの友達も、みんな英語が話せるので、友達同士だと流ちょうな英語でバーっと話したりするんです。それを僕は「僕がついていけないと思って、わざと英語で喋ってるんだろう」「自分勝手で性格の悪い奴らだ」とシルビアにクレーム。性格が悪いのは僕です。当然シルビアは「そんなことない！　私の友達になんてことを言うの！」とよくケンカになりました。

のちにシルビアの友達は最高な人しかいないとわかるんですけど、当時は被害妄想がすごかったんですよ。心と体のバランスが悪かったのか、常に体調が悪くて、すぐに病院に行ったり、飲まなくてもいいのに抗生物質を飲んだり、睡眠誘導剤を飲まないと眠れなくなったり、そんなストレスからか酒量も増えて、メチャクチャな状態でした。それまではドラマや映画ばかりに出ていたのに、舞台がメインになって「作品に集中したいからバラエティは出ない」と変にかたくなになっていたし、どんどん偏屈になっていった時期だったんです。事務所が取ってきてくれた仕事も「こんな役ならやらない」と突っぱねるなど、とにかく最悪でした。

シルビアは物事に白黒つける性格で、僕は理不尽なことを押しつける。そのせいでたびたび衝突しては、シルビアは毎日のように泣いていて。ある日、また僕がムチャなことを言って、泣いているシルビアを見ながら、「ちょっと待てよ。自分はこんなひどい人間だったか。一番大切な存在であるシルビアを泣かせるなんて。どうしてこうなったんだ。」とふと思ったんです。なぜそれまで思わなかったのかわかりませんが、かわいそうなシルビアの姿を見て、本当に急におそろしく心が痛くなったんです。その翌日から僕は180度変わりました。きっとあからさまに優しくなっていたと思う。そして他人の意見とか変なこだわりとか、「こうあるべきだ」という考えも急速になくなっていったんです。当然あまりに変わったので、最初シルビアはびくびくしていました。普通になれるまで5年くらいかかったかな……。

そんな状態だったのに、不思議と別れの危機はなかったんです。後日聞いたらシルビア曰く「あまりにパワハラすぎて、何も言えなかった。怖かった」と言っていました。友達にも「私がダメで、いつも怒らせてて……」と相談していたみたいで、その友達から「シルビアはおかしくない。おかしいのは髙嶋だ。シルビアのされていることはありえないことよ」と叱られたこともありました。シルビアに対して「女を泣かせるような男ではいけない」と気が付けたことは、「本当の自分ってなんだろう」と立ち止まって考えられたいい機会になりました。もちろん気が付かない人もいるし、「なんか違う」と思いながらも、自分を変えることができない人もいる。そして、ストレスを抱え続けながらも「俺はこうなんだ！」と虚勢を張った自分を押し通す人もいるけれど、僕はあのとき気が付けて本当によかったと思っています。もしあのままだったら、精神を病むなど、どこかでムリが来て、破綻していたと思います。何よりシルビアに申し訳なさすぎます。

ゲーム大好きな姫

シルビアはゲームがとにかく大好き。パズルゲームにハマっているみたいなのですが、僕が家に帰ると、大抵ゲームをしている。「夕飯どうする？　外に食べに行く？」と聞くと、「いや、今日は外に出たくない」と言うので、僕が作ってあげるんです。料理ができてもゲームに夢中なので、「冷めちゃうけど、大丈夫かい？」と促して、やっと食卓についてくれる有様。２人で外に食べに行ったときも、おいしいイタリアンなどを食べて、ワインなんかも飲んで、楽しくデートを終えて帰るんですね。家についてから、また改めてシルビアにいろいろ話そうと思っていたら、シルビアは帰ってすぐゲーム!

「なんでいつもそんなにゲームをするの」と聞くと、「いや、これがリフレッシュだから」と聞く耳を持ちません。好きならしかたないのですが、「そんなにやらなくてもいいんじゃないの?」とちょこっと言ってみるんですね。でも、「いや、今やりたいのっ。そしてわたし、あなたのカフェラテが飲みたいのっ!」と言うので、「ホットかい? アイスかい?」と作ってあげるのがルーティーンになっています……。

嫁コンプレックス

数年前、シルビアのスイス人のお父さんが亡くなりました。それまでシルビアは僕にとって奥さんであり、彼女であり、親友であり、同志でした。お義父さんが亡くなってからは、そこに「シルビアは娘」という新たな感情が芽生えたんです。娘としていたわらないといけない、かわいがらないといけないという不思議な感情が。僕は勝手に、お義父さんが僕にシルビアを託したのだと思っています。

僕はマザコン（マザーコンプレックス）ではありませんが、完全に〝嫁コン〟。ありとあらゆることに対して「これはシルビアがどう思うかな」「シルビアはこれおいしいと思うかな」と考えるんです。例えば、車や自転車に乗っているとき、昔だったら黄色信号でも突っ切って進んでいたんですよ。でも、今は「もし自分に何かがあったら、シルビアが悲しむ」という思いが先立って、黄色信号になったら、絶対に停車するように。とにかく何より優先するのはシルビアなんです。先日は追突事故をしてしまいました。改めて細心の注意が必要だと実感しています。

夫婦円満のワケはただひとつ〝会えない時間〟

僕もシルビアも2人とも俳優業をやっているので、舞台や撮影や地方ロケが入ってしまうと、スケジュールが合わないことが多い。普通の夫婦よりも一緒に過ごすことは少ないと思います。最初でこそ「今日はどんな予定になってるの」「昨日はどこに行ってたの」「連絡くれないと心配するじゃない」というやりとりはあったけど、あまりに毎日違うタイムスケジュールで動いているので、結果、ほぼ自由になりました（笑）。でも、いつもスマホでやりとりはしていて、「今夜の夕飯はどうするの」などというＬＩＮＥはします。ただ、僕は腹が減りすぎると、連絡も待っていられないので、先に１人で食べちゃいますけど。

夫婦円満でいられるコツは、お互い仕事が忙しくて、あまり顔を合わさないことかもしれない（笑）。あまり一緒にいられないからこそ、せっかく一緒にいられる時間はお互いを大事にしようと思えるんです。確かに結婚して、ずっとべったり一緒にいた時期は、僕が不安定だったこともあり、ケンカが絶えなかった気がするし。今は例えイラっとしたとしても、会えるタイミングが少ないから、「久しぶりに２人でゆっくりできるのに、険悪な雰囲気になるのも嫌だなー」と思っちゃうんですよね。おそらくシルビアもそうなんだと思いますね。

あと、とにかく自由であること。お互い束縛をしないこと。僕はシルビアが友達と飲んで遅く帰ってきても、友達と旅行に行っても、シルビアさえ楽しければそれでいいんです。先日、シルビアが「ウチのダンナはすごい自由にさせてくれる」と飲み仲間に言っていたと聞きました。

ただ、最近若干気になっているフレーズがあるんです。先日、2日連続でシルビアと夕飯を食べられるときがあったんですけど。昨日一緒に食事をして、「今日の食事は何にする?」と聞くと、「えっ、昨日付き合ってあげたじゃん」とシルビアが言うんです。「『付き合ってあげた』ってなんだ?」と思うのですが、あえてそこは突っ込まないようにしています（笑）。

最後の夫婦ゲンカ

あんまりキツい口調で何かを言うこともない。昔はありましたけどね。最後に声を荒げたのは、約4年前。僕は洗濯機を使ったら、毎回中を掃除して乾燥させたいというこだわりがあるんです。残った水分が悪臭の元になるし、糸くずや埃が詰まったら嫌なので、毎回洗ったら、洗濯槽は拭かなきゃダメと言っていたんですね。あるとき、何日間かロケで家をあけて帰ってきたら、洗濯機を使ったのに、拭いていないんですよ。そのときはドスのきいた声で怒鳴りまくりました。「おまえが拭かないから、洗濯機が壊れるんだよ！」とぶちギレました……。でも、そのときに怒鳴りすぎて、「まずい、キレると喉がやられる。仕事に影響するぞ」とわかったので、それ以降は声を荒げることはないですね。こんなことでケンカになるくらいなら、洗濯は自分がやろうと決めたんです。わざわざ小言を言い続けるのも、面倒くさいですしね。

以前のように、僕が怒ったりキレたりするというより、今では苦情を申し上げるといった感じ。昨夜も僕が毎週楽しみにしている『激レアさんを連れてきた』というテレビ番組を夢中で見ていたんですよ。そしたら、シルビアがテレビの前に立ちはだかって、仁王立ちでお茶を飲むんです。「今ね、すごい面白い番組を見てるから、ちょっとどいてもらってもいいかな」。それぐらいは言いました。シルビアはわざとふざけてる感じで、かまってほしかったようです。「テレビ見てたのに、なんで邪魔したの？」と聞いたら、「私がコーラスで参加したポルノグラフィティのシングルができたから、聞いてほしい」ということでした。「でも、僕はテレビ見てたじゃない。あのときじゃないとダメだったのかな」と、子どもに言い聞かせるように諭しました。

シルビアと髙嶋

そんなシルビアは家を出る40分ぐらい前にならないと起きてこない。本番の日もバタバタと準備をして、シリアルや卵かけご飯を一気にかき込んで、すごい勢いで出て行くんです。「そんな生活してると体によくないよ」と注意するんですけど、「私はこういうスタイルなんだ」と改めるつもりはないみたいです。僕なんて、早めに起きて、プロテインを飲んで、旬のフルーツを食べて、ちょっと食休みをします。ストレッチと筋トレをして、家で発声のひとつでもやってから、ゆっくりと余裕を持って家を出るので、とにかく朝は時間がないとダメ。シルビアと真逆ですね。

お酒の飲み方も、夫婦で全然違います。僕は基本的にどの作品でも、その日の仕事が終わったら、今日の体の疲れをとったりケアしたりしてから、翌日に備えて準備することを大事にしています。疲れているのに飲んでしまったら、明日の準備もできない。酷使して炎症している喉や筋肉にビールやハイボールなどの炭酸を入れたら余計状態が悪くなる。そもそも、アルコールを入れると水分がなくなって、余計喉によくない。

シルビアはその日の仕事が終わったら、必ずお酒を飲まないと1日が終わらない人なんです。僕がしつこく「お酒は飲まないほうがいいんじゃないか」「喉にも悪いよ」などと説教じみた感じで言うと、「つまんねえ男だな!」って吐き捨てられます。シルビアは舞台でパワフルに歌いまくって体も喉も疲れているはずなのに、朝まで飲んで、また同じように舞台がやれる人なんですよ。僕からしたら「いったいどんな喉してるんだ?」と疑問なのですが、どうやら喉はガラガラになっても、テクニックでちゃんと出るんだと言っていました。声帯がすごい強いんですね。

愛する人は僕の指針

シルビアは物事に白黒ハッキリつける、竹を割ったようなスッキリした性格で、非常に真っ当な人間です。僕自身にも、「きちんとしなきゃいけないんだ」と思わせてくれる人です。だから、僕にとってシルビアは特別なんです。シルビアはすごく安定した人間である一方で、僕がその時々で変わる人間なので、シルビアは僕の生きる指針というか、バランスをとってくれる、なくてはならない人なんですね。

芸能界に身を置いていると、いろいろな人と出会います。出会いの数が多いほど、そりゃあ異性と知り合う機会も多い。中にはすごい美人やいい女だっています。でも、じゃあそこで浮気をしたところで、僕はどうせ3日ぐらいで飽きるに決まっている。その数日の快楽のためにシルビアを悲しませるなんて、あまりにリスクが大きすぎる。浮気する価値はないですね。そんな面倒くさいことをするくらいなら、シルビアに全精力を傾けたほうが僕は幸せです。年を重ねて臆病になった部分もあるけど。そういうときはまず、シルビアを頭に思い浮かべます。

だって、このご時世、不倫なんて週刊誌に撮られたら大問題になるじゃないですか（笑）。それならSMバーに行ったほうがよっぽど楽しいですよ。鞭を打たれたりロウソクたらされたりしても、女の子と接触するわけではない。そこは理由も何も存在しないフェチの世界ですから。しかも、シルビアも僕がSM好きなのを知っているので、安心ですしね。

わが性欲よ

性欲が強い方です。あ、僕の話ですが。トレーニングは、やればやるほど成長ホルモンが出るので、性欲が増すんです。スポーツ選手も絶倫の人多いですよね。食べるのが好きな人も性欲が強い人が多い傾向にありますね。人間の三大欲って全部繋がっていますから。

ただ……、相手がシルビアとなると、タイミングがすごく難しい。僕が帰ってくると、シルビアはゲーム。シルビアが夜、外で飲んでいるときは、僕は家で明日の準備をして、「さて、もう寝るか」というタイミングで、シルビアが帰って来る。「今から」という気分にもならないし、早く寝ないといけないし……。夫婦って、絶対そうなりますよね。2人で外にご飯を食べに行ったときならチャンスがあるんだけど、シルビアは家に帰ると、すぐにソファーでゲームをしながら寝ちゃう。それで、夜中に一度起きて、行動するんです。シルビアが一度寝て起きたころには、僕が眠くなるんですよ。タイミングが合わない。悪循環ですよね。なんとかシルビアが寝るのを食い止めないと……（笑）。あと、お互い俳優の性として、どちらかが少し咳でもしていたら、とにかく近づかないようになる。風邪が移ったら、仕事に差し障るので。

今、一番好きな女性はシルビアだということは間違いない。愛おしすぎて、シルビアが寝ているときにシルビアのお尻をタプタプとタッピングさせてもらっています。いつもすごい嫌がるんですけどね（笑）。最近ではやっとケツのタッピング返しをされるようになりました。進歩ですね。シルビアに関しては、もうムラムラというよりも、愛でる対象というか、愛情ホルモンのオキシトシンがすごく出ている感じ。性欲って超えると愛に変わるんでしょうか。結婚してからは、ことあるごとにシルビアをスマホで撮るのも習慣化していますね。特にシャワーから出たときや着替えているときに、これはまぁエアーでなんですが撮るマネをすると、「次やったら離婚だから！」と言われながらも、ずっとやり続けています。

まぁシルビアはヨーロッパスタイルなので、挨拶は基本ハグ＆キスでスキンシップはできているんだけど、今僕がヒゲを伸ばしているので、嫌がられちゃっているんですよ。僕がハグ＆キスをしようとすると、首を押さえつけられて、拒否。ヒゲが「虫の足みたいで気持ち悪い」みたいです。

第10章

バイプレイヤー論

役者としての理想

いただいた台本より面白く演じるのが今の僕の課題です。ただ、まだ臆病なところもあるし、本当にこれでいいのかと探りながら演じているので、理想の役者像には到底及びません。「怒るシーンなら、大げさに怒っているわけではないのに、見ている人が怒っていると感じる」というのが理想です。演じているのに演じているように見えない演技を目指しているんですよ。そういう意味では、台詞が少ない役のほうが演じ甲斐があるかもしれません。

あと、役にこだわりすぎないのも、大切です。以前、亡くなった蜷川幸雄さんがテレビで「俳優は年齢によって役が変わってくる。一列に俳優が並んでいて、真ん中が主役だとしたら、若いころは端にいて、小さな役を演じていく。年齢とキャリアが上がってきたら、だんだん真ん中の主役に向かっていく。そしてピークを迎えたら、また端に戻っていく」という話をされたことがあって。最初はちょい役から頑張って、主役級の役を演じて、年を重ねれば脇役に戻っていくということですね。でも、僕は若い俳優がどんどん出てくる焦りも、「昔から主役やってるんだから、脇なんてやってられるか！」という感覚もないんです。事務所から「今回、脇なんだけど」と言われても、その役や脚本や監督、共演者が面白かったらやる。主役にこだわって、そこに固執しすぎると、面白くないですよね。今そういう、一番手、二番手のような〝番手〟のこだわりは、僕にはないですね。

よかったら使われるだけだし挨拶はいらない

以前の僕は「こんなこと言っちゃったけど、どう思われてるんだろう」、舞台の稽古、映画やドラマの撮影現場で「さっきの台詞回しでよかったかな」「監督、どう思ってるかな」「共演者は大丈夫かな」と、とにかく周りのことばかり気にしていた。でも、最近では「気に入ってもらえたら使われるだろうし、気に入られなかったらしかたない」と思うようになりました。単純によかったら使われて、よくなかったら使われないだけ。非常に単純なことなんですよ。だからといって、別に気に入られようとしてゴマすりもしないし、逆に傍若無人な態度もとりません。

若手の俳優や女優さんが挨拶しないのも、気にならなくなりました。僕は昔から「挨拶は基本だ」と教わってきたので、先輩方には必ず挨拶しに行きますけど。ただ、挨拶がないくらいで「アイツはなっとらん！」とキレたり、プレッシャーをかけたりするのはナンセンスだと思っています。そういう上下関係のせいで、カメラ前でいい演技ができないのであれば、礼儀も挨拶もどうでもいいから、カメラ前でリラックスして、いい演技をしてくれる奴のほうがよっぽどいい。

昔は大変だったんですよ。カメラテストをしているときに、監督じゃなく大御所俳優が「このシーン、おまえは座ってやるのか立ってやるのかどっちなんだ！」なんて、急に怒鳴り出したりして。それは演技指導じゃなく、若手をビビらせて、自分のペースを作るというスタンス。たまにいきり立った昔ながらの人もいますけど、最近はみんな穏やかで和やかな現場ばかり。そんな雰囲気のいい現場だけど、カメラ前でうまくできなかったら、次から呼ばれずに消えていくんです。誰も何も言ってあげない。持っているスキルが似たり寄ったりなら、普通は感じのいいほうの人を使うし、やたら遅刻する人がいればちゃんと時間を守る人を使うのが普通ですよね。今はよりシビアになっていると感じます。

緊張よ、サラバ！

台詞や立ち回りを間違ってしまったら、命をとられるかと思うほど落ち込んだときもありました。でも、今は「間違ったら、しょうがない。お客さんは台本を持ってないんだから、舞台が僕のせいで滞らずにきちんと進行してれば、大丈夫だ。そういうことだってある。しかたない」と、振り切れた感じはあります。もちろん反省はしますが、比較的、以前より緊張をしなくなったのはいいことだと思っています。

美輪明宏さんと舞台をご一緒させていただいたときに、ありがたい金言をいただきました。舞台前は、例えば「これをやらなきゃいけない」という自分のなかでゲン担ぎをしている人もいるし、舞台袖で祈っていたり念じていたりする人もいるんです。でも、美輪さんは三島由紀夫さんから「君はなんで襖を開けて、隣の部屋に行くようなナチュラルな状態で、そのまま舞台に出られるんだ？」と聞かれるほど自然に舞台に上がるんです。美輪さんは舞台袖に移動する時点でその役になりきっているから、緊張すらしないそうなんです。「舞台袖で『よしっ、やってやるぞ』とか思ったらダメ。あなたたち凄いわね、緊張して。私なんか役になりきるのに精いっぱいで、緊張する余裕なんかないわよ」と言うんですね。確かに美輪さんは緊張している素振りすらなく、そのままスーッと舞台に出られるんですよ。さすがですよね。僕も美輪さんを見習って、何気なく隣の部屋に行くように舞台に出るのを目指しています。

カッコつけるのはやめよう

特に昔の映画界は、「俳優たるもの黙して語らず」が美徳とされていて。高倉健さんは僕も大好きで憧れますが、僕は絶対に無口にはなれない！　今でも俳優の諸先輩方で「なるべく俳優は語るな」と仰る方も多いし、今もそういうポリシーをお持ちの俳優たちももちろんいますが、僕にはそういう美学はないんです。若いころは「黙して語らず」と教育されたし、そういう美学を守っていた時代もありました。三船敏郎さんや高倉健さんなどの「男は黙って」という勝手なイメージで、ずっと憧れて、真似をしていたんだけど、人にはそれぞれ、その人に合ったキャラクターがあるとわかったんです。誰かに受けた影響をそのまま真似して生きていくと、いろんな支障が出てしまう。ムリな美学を通すのは、体にも心にも悪いんです。

僕は黙っていることのほうがストレスで苦痛。むしろ、自分がやってきた役作りの話や撮影の裏話、面白かったアクシデントなどはなるべく人に伝えたい。「演技だけを見てもらえればいい」「わかる人にわかればいい」という方もいますが、わかってもらうのを待っていたら、死んじゃいますよ。僕は死んだ後に「あの人はすごかった」「こんなことしてたんだ」と言われるのは、嫌なんです。ついさっきイベントに出演していたのに、5分後にはネットニュースになって、多くの人に読んでもらえるこのご時世。情報の流れが速いから、多くの人になるべく新鮮な情報をすぐに伝えたいんです。

しかも、シルビアと結婚したので、もう現場でも外でもどこの女にもカッコつける必要はないと思ったんです。最初でこそ「デブの髙嶋」だったのでシャイでしたけど、1人でフラフラ遊び歩いて、夜を通り抜け、各局のプロデューサーから嫌というほどの遊びの洗礼を受け、おいしいレストランや面白いスポットへ散々連れて行ってもらいましたが、もう気取る必要がなくなった。シルビアという運命の人に出会い、シルビア以外の人にモテる必要もなくなったんです。僕が気に入った人とだけ仲よくすればいいんです。好かれなくてもよくなったときに、ものすごく気持ちがラクになりました。

とは言いつつ、面倒くさい男です

料理をよく作っていたおかげで、料理の腕やレパートリーが増えました。それだけではなく、どうやったら早く作れるか、より効率よく作るためには何と何を同時進行すればいいか、どのタイミングで洗い物をすればいいかなどを考えながら料理するようになったんです。段取りと手際がよくなっちゃったんですね。

それは料理だけにとどまらず、俳優業も同様です。例えば、大河ドラマや時代劇で、設定は戦国時代、立ち回りアリになると、先回りして乗馬のレッスンをしておきます。きっとヒザが痛くなるから、先にヒザパットを用意して、下はスパッツのようなインナーを着ていたほうがラクだなとか、どんな準備をしておけばいいのかがパッとわかるようになっているんです。撮影現場でも、水分補給のタイミングとか、ずっと兜をかぶっていると疲れるからこの瞬間まで兜なしにしてもらおうとか、そういうことまで考えます。このシーンは実際にどんなカット割りになっているのか知っておくことは大切です。自分がどれだけ画面に映り込んでいるのか、カメラは寄るのか引くのか、一連で撮るのか、全部把握して、とにかくワンシーンを頭から最後まで続けて構築するクセができてしまいました。

感動ものに興味がない

今も人の意見は聞くし、影響は受けるけど、興味があるか、まったくないか、どちらかですね。いわゆる、〝感動もの〟の作品には興味がないです。多くの人は感動したいし、むしろ泣きたいからそうした感動ものの作品を選んで見るのでしょうが、正統派の〝お涙ちょうだい〟ものは好きではないんですね。でも、俳優として「興味がないからやりません」ではなく、監督や共演者が素晴らしかったり、脚本や演出が凝っていたり、ちょっとでも面白いポイントがあったら、仕事としてきちんと受けることにしています。つくづく「自分はこうなんだ」という美学や変なこだわりが、一切ないんだと思います。面白ければなんでもいい。俳優業ではこだわりがないほうが、役者や監督などとの面白い出会いがあったり、新たな自分が発見できたりしますから。

人にはギャンブルしたい

僕はとにかく面白ければ、どんな作品でも躊躇なく受けることにしています。初監督作品や「低予算なのでギャラはこれだけしか払えません」という仕事でも、「もしかしたらコイツは化けるかもしれない」と期待して受けるんです。僕は賭けごとなどギャンブルは一切やらないのですが、人の可能性には賭けてみたくなるタチ。ロクでもないくだらない奴でも、「もしかしたら名作を作るかも」と思っちゃうんですよね。作らない可能性のほうが高いですけど（笑）。

しかも、お金を出すんじゃなく、自分が今まで培ってきたもの、技術やスキルや経験を出せばいいのなら、失うものはない。例えば「200万円貸してください」と言われても、絶対に貸さないけど、僕の身についているもので役に立つなら、ちょっとでも面白かったらやってみようかと思うんです。どんな職業でも、自分ひとりの力では成功できません。僕の力が必要だって言ってくれるのであれば、少しでも力になれればと思うんです。

第11章
プライドを捨てた変態は愛されはじめた

カッコ悪い先輩がいい

以前はカッコつけて、現場で「役者とはこうあるべきだ」という理想論や、作品や台本のことばかりを話していたんだけど、共演者と全然打ち解けなかったんですよね。近寄りがたいとか、クソ真面目すぎて面白くないとか、周りは絶対そう思っていたんですよ。

自分のカッコつけたつまらない考えを押しつけるのはやめようと思って、自分の好きなことばかり、つまり下ネタとかSMの話になるのですが、喋りまくっていたら、最初はみんな戸惑いつつも、結局仲よくなれるんですよね。ドラマや映画のメイキングシーンを見ると、共演者は「髙嶋さんが自分のフェチの話ばかりするので嫌でした」「集中したいときに、ＳＭの話ばかりされて迷惑だった」と言っているんですよ。ゲラゲラ笑ってたくせに！

僕はカッコいい先輩でいたいなんて、一瞬たりとも思わない。自分が楽しければいいんです。でも、何を勘違いしたのか、このあいだ撮った映画でも、撮影終了後に共演者から「髙嶋さんも疲れてるはずなのに、あんなに現場を盛り上げて和ませてくれて、すごいなと思いました」「引っ張って行ってくれて、ありがとうございます」「先輩の背中を見て、勉強させていただきました」とＬＩＮＥが来たんです。でも、「いや、別に現場を盛り上げようと思って下ネタを喋りまくってたわけではなく、自分が好きで言ってただけなんで……」と、僕のほうが恐縮しちゃって。勝手にいい方向に捉えてくれてありがたいんだけど、あれは自分が疲れていて、ただ自分の大好きな下ネタが漏れ出ていただけなんです……。

ドン引きされども下ネタを！

僕は撮影現場でも下ネタをずっと言いまくっていますが、女優さんやスタッフたちがドン引きして、眉間に皺を寄せて嫌悪感いっぱいの顔をしているのが最高に面白いんですよ。SMでいうと、僕は自分がSだと思っていたのですが、実はMなのかも。Mは「ご主人様！　私はなんでもあなたに従います！」という従属タイプと、わざと嫌な態度をとって「どうぞ私を虐げてください」「どうぞ私を蔑んでください」という2パターンいるんです。後者は飲み屋街に多いんだけど、態度が悪くて「なんだ、この野郎」と殴られるような奴ですね。僕はソフトなMですけど、「えっ、何言ってるの、この人……」と蔑んだ目を見たいんです。ただ、僕のそういう趣味を吉田鋼太郎さんには見破られていて、「またおまえはわざとそういうことを言って、女子たちが嫌悪するのを見たいんだろう」と言うんです。多くの人たちは引かれたくないから、カッコつけていい話をしようとしますが、僕はむしろ引くのを見たいんですよ。

下ネタやSMの話をすればするほど、引かれるのに、なぜか友達は増えていくんですよね。ドン引きして避けられる場合もありますが、結構男女ともに面白がってくれるというか。なんなんでしょうね（笑）。

ちなみに、下ネタを話すときのコツはNHK・Eテレのように、淡々と真面目なトーンで話すこと。絶対に笑っちゃダメ。セクハラだと言う人もいますが、僕は誰かに向けて喋っているのではなく、勝手に1人で喋っているだけ。聞いてくれとも言っていないし、放っておいても喋り続けますから！　ただ、去年参加させていただいた大人計画の舞台に出ていた女優さんたちからは、僕の下ネタは見事にスルーされて、なかったことにされています。真面目なんだなぁと思って。いや、僕も至って真面目なんですけどね。

自意識過剰になるな

僕はかねがね「所詮は誰もあなたのことを見ていませんよ」「どうしてそんなに自意識過剰なの？」と思ってきたんです。確かに、インターネット、特にツイッターやインスタグラムなどのＳＮＳの発達で、人の目を極度に気にして生きている人たちが増えている気がします。等身大の自分以上の〝イケてる俺〟〝ステキな私〟を誇示するなんて、くだらないと思いませんか？

そんな人が多いからか、クラブでも、ディスコでも、飲み会でも、コンサート会場でも、トイレに行く男はみんな、鏡の前でずーっと髪の毛をちょいちょいちょいちょいなおしているんですよね。女性の化粧室なら、きっと髪の毛だけじゃなく、メイクもなおすんだろうけど。僕はね、そんなことに執念を燃やすより、自分の喋りたいことを一生懸命喋っていたほうが、モテないかもしれないけど、誰か〝同志〟が見つかるのにって思うんですよ。せっかく外に出て来ているんだから。

とはいえ、こうやって僕が思えるようになったのも、若いころの「モテたい」「カッコよく見られたい」って気持ちを経てからの境地ですけどね。

最終的に「そう見えればいい」

1970年代から活動しているアメリカのナゾに包まれたアーティスト『ザ・レジデンツ』が僕は好きなんです。彼らは前衛音楽と実験音楽を奏でるビジュアル・アート集団で、メンバーは4~5人。常に巨大な目玉のマスクなどを被り、素顔は見せず、素性もわからない。メディアのインタビューなども一切受けないですから。

彼らのドキュメンタリー映画『めだまろん／ザ・レジデンツ・ムービー』を見たときに、誰なのかはわかりませんが、ある関係者が「要は出来上がったものがカッコよければいいんだよ」と言っていたんです。これがシンプルだけど、ガツンって響いたんですよ。演じるときにどんなに本番のマジックがあるとはいえ、そもそも自分にない技術は出せない。でも、やり方はどんな手段でもいい、最終的にその役に見えればいいんじゃないかと思えるようになりました。ある意味ふざけているし、プライドも何もないようですが、少し自由になれた気がしませんか？

例えば、怒るシーンを演じるとしたら、前はただ怒鳴り散らすだけでしたが、何度も何度もそのシーンを撮るので喉の負担が大きすぎる。それじゃあ、怒鳴っていないのに、見た人が「スゲー怒ってるな」と思うような怒り方はどんな感じだろうかと考えるんです。最終的に怒っているように見える演じ方を工夫するようになりました。でも、監督によっては、「そこ、テンションマックスで！」という場合もありますから、そこはもちろんケース・バイ・ケースですが（笑）。

ツッコミ待ちなんです！

僕がはじめて舞台に上がったのは、実はコント55号さんの復活ライブVｏｌ．2だったんです。今から約30年前になります。それがオールアドリブのコントなんですよ。刑事の設定だけが決まっていて「今から尾行する」「わかりました」「よしっ、ついてこい」以外は、何も決まっていない。忠臣蔵のコントでは台本に「これから討ち入りだ」しか書いていない。坂上二郎さんと飛行機で隣り合わせになる設定のコントもありました。稽古も5回ほどしかないし、僕は舞台がはじめてで、きちんとできたのかどうかさえわかりませんでした。

萩本欽一さんがすべてのコントを見て、アドリブでみんなに演じさせて、「もういいよ、やめて」「はい、もう一回」「はい、ストップ」と指示しながら、何度も繰り返すんですね。演者たちも周りのスタッフもみんな緊迫していく稽古でした。そのライブの打ち上げのとき、僕は萩本さんに「君は絶対ツッコミのいないところではダメだよ」と言われたんです。

吹っ切れてから、バラエティが楽しい

バラエティに出演して、「今日は楽しかったなぁ」と思うのって、全部ツッコミがすごい人と共演したときなんですよ。明石家さんまさん、ダウンタウンのお2人、東野幸治さ

ん、陣内智則さん、宮迫博之さん、坂上忍さんなどとご一緒すると、すごく楽しいんです。関ジャニ∞なども、バンバンツッコんでくれるので、楽しいですよね。

僕は喋りっぱなしだとただうるさいだけで、まったく面白くない（笑）。最近では若い俳優たちも僕をかまってくれて、小栗旬が「うるせぇよ！」とか、長澤まさみちゃんが「やらねぇよ！」とか言ってくれるんです。ツッコミを入れてくれると、うれしいですね。ありがたいです。恐縮して「はい、はい。そうですね」とじっくり聞かれちゃうと、僕が死んじゃうんですよ。

あと、バラエティでとてもお世話になったのは、とんねるずさん。実はとんねるずのお2人は、バブル期から大好きでスタジオ見学に行ったり、飲みに誘ってもいただいたり。若くしてブレイクしたお2人には、いろいろとお世話になりました。僕の勘違い時代は「出演してよ」と言われながらも、断ってしまっていたのですが、そんななか、僕を起用してくれたのが、惜しまれつつ今年放送終了してしまった『とんねるずのみなさんのおかげでした』の企画『全落・水落シリーズ』。ゴルフ場のグリーンに見立てた落とし穴に、何も知らないターゲットを落として、リアクションを競うドッキリコーナーです。（石橋）貴明さんが「いやー！　あにぃ、いいよー」と大絶賛してくれて、僕もものすごく楽しめました。お2人のおかげで、バラエティにもっと出たいと思わせていただきました。本当に感謝してもしきれないですね。

勘違い野郎

勘違いしてた時期は「ドラマや映画をやっているときは集中したいから、バラエティは出ない」と変なこだわりがあったんですね。演劇関係者たちからも「バラエティに出てるとキャスティングされない」と嘘か真かわからない都市伝説的なことを聞かされて、変な呪縛にとらわれていました。オファーがあってもすべて断っていましたね。そのくせ、自分の作品が放映される直前にはバラエティに出て、宣伝する。それもおかしな話なんですよね。ウチの父も20年くらい前に「今の時代、役者もバラエティに出ないとダメなんだよ。

今はそういう時代なんだよ」と言っていたことがありました。でも、そのときはまだ僕は勘違いしているから、「いや、何言ってんだよ。役者は役者を極めなきゃ」とかたくなにバラエティを拒否。それが大きな間違いだったんですけどね。でも、例えあの勘違い時代にバラエティに出ていたとしても、全然面白くなかったと思いますけど。

プライドを捨てたおっさん

僕は今では〝男のプライド〟ほどいらないものはないと思っているんですよ。僕にはプライドはありません。じゃあプライドってなんだろうと考えると、要は「ええカッコしい」なんじゃないかなと。背伸びもしていないし、自分を卑下しているわけでもないのですが、変に他人の目を意識するよりは、カッコ悪い変態の自分でいいじゃないかと思うんです。若いころはそんなことも全然わからなくて、カッコつけて構えてみたりしていました。でも、それって逆に虚構のハリボテのようなものですよね。そんな状態で、周りがチヤホヤはやし立てたりすると、どんどん勘違いしていくんですよね。

よく「年下の奴なんかに頭は下げられない」という人、いますよね。それは「プライドが邪魔をして」という言い訳をしがちですが、なぜ年下に頭を下げるハメになったのか。その状態になったのはなぜかと考えることに時間を使わないと。その原因は少なからず自分にあるはずです。「男がそんなことできるか」みたいなことも同じですよね。そういう状況になったことを、きちんと自分自身を見直さないと。そういうときは考えるチャンスでもあるんです。僕におけるシルビアのように。

昔は「こんな役なんて、俺のプライドが許さない」と高飛車だった時代もありました。でも、本来は逆なんですよ。自分がその程度のレベルだから、その役しかあたらなかったんです。シンプルなんです。もし自分がもっと需要のある俳優なら、別の役で、別の待遇を受けるはずでした。映画やドラマでエンド・ロールに流れる名前の順番を見て、「なんで俺の名前がこんなに目立たない場所にあるんだ！」とキレたところで、自分がそのレベルの俳優だから、その位置に名前があるんですよ。もし、もっと人気者だったら、いい位置に名前が載るはずなんです。何事もプライドが考える邪魔をしているんです。本来の原因をプライドのせいにして、「自分は悪くないのになんでだ」と周りばかりを責めるのは、逃げているのと同じ。物事の本質から日を背ける原因は、まさにそのプライドのような気がしています。

制作者側からは「次の作品でこんな役を演じてほしい。だから今回は、小さい役で試してみよう」ということもよくあると聞きます。それなのに、「こんなに小さい役なんて、俺のプライドが許さない」と降板してしまったり、手を抜いたりすると、次に繋がらない。逆に一生懸命やれば、次の大きな役をゲットできるかもしれない。すべてプライドが多くの選択を邪魔しているんです。負の連鎖を生み出します。そんな悪そうなもの、すぐにでも捨てたほうがいいですよね。

1人にさえ好かれればいいという安心感

僕は嫌いな人はずっと嫌いです。「なんでこの人とうまくいかないんだろう」「なんでわかってもらえないんだろう」「なんであの人はこんなことをするんだろう」と人間関係で悩んだ時期もありました。でも、今は「もう自分の人生にこの人は必要ない」と割り切って、嫌いな人とは深入りしないですね。嫌いな人とうまくやっていくのはムリですよ。その人はそういう人、そういう思考なんだから、しかたないんです。人間関係って、少しの諦めも大事なんじゃないかと思うようになりました。

そもそも、僕が大好きな〝変態道〟は相手のフェチをわかろうとしない、相手にわからせようとしない、馬鹿にしない、自分のフェチを押しつけない、これが基本なんです。そのうえで、楽しむんです。人との付き合い方がわかってきたのは、SMとの出会いの影響も大きいのかもしれないですね。相手のことに、そこまで干渉しないという。

『鳳龍院心拳』の道場の先輩からは「好かれる努力はしないでもいいけど、嫌われない努力はしろ」と教えられました。そのためには「約束は守れ」「人の話をよく聞け」「黙るべきことは黙れ」という最低限のことはしなければなりません。何度も言っていますが、僕は人に好かれたいと一切思わなくなりました。舞台上で気付き、人の目を気にしなくなって、自分の変態性を隠さずに生きることを決めたから。そして、さらにその決意を後押ししてくれた、「俺にはシルビアがいる」という絶対的な安心感。シルビアがいるから、他の人に別に好かれなくても構わない。そう思って行動をはじめたら、いろんなところから声がかかるようになりました。そして、僕の大切に思っている人たちが慕ってくれるようになっていたんです。

エピローグ

父が糖尿病になり、さらに鬱病になったときに、「あんなに陽気で元気でパワフルだった人が、病気になるとこんなにも別人のようになってしまうのか。人は永遠ではないんだ」と心底感じたことがありました。そんなことを思っていたときに、２０１１年、東日本大震災が起こって、僕は「人はいつか死ぬんだ」と改めて感じさせられたんです。人は突然死ぬことがある。それなら、今を楽しく過ごさなきゃ生きている意味はない。だから、躊躇している暇はないんですよ。

自暴自棄になったのではなく、「人にどう思われてもいい」というのは、もっと自分本位で生きていこうということです。そう思って、徐々に〝本当の〟自分を出していったら、そんな僕を「面白い」と言ってくれる人がいることに、正直驚きました。それが、以前母の言っていた「どう思われてもいいじゃない。わかる人にはわかるのよ」ということだったのかもしれません。

この本を読んでくれている方々にも、せっかくの人生、楽しく過ごしていただきたいと願っています。僕は人目を気にしなくなって、人生の幅が広がった気がしています。広がった人生を突き詰めていたら、今ではＳＭとロックとグルメについてなら、湯水のようにとめどなく話せるようになりました。準備も何もしなくても、自分の中に知識と経験が入っていますから。

プライドや美学を捨てたら、ラクになるんです。無意味な固執は本当にムダですから。自分の周りにも、無意味なプライドや美学に縛られている人が結構多いので、みんなラクになったら、もっと人生楽しくなるのになと思ったりします。人に馬鹿にされたから、なんだって言うんですか。大したことないですよ、そんなこと！

今日も家を出る前、シルビアに「今日はスタジオで表紙の撮影なんだ」と話していたんです。最初の表紙案ではスーツ姿の全身の僕が写っている予定でしたが、僕があえて「裸に首輪ひとつだけつけていたほうが面白くないか？　変態っぽさが増して、より引かれるんじゃないですか？」と提案して、採用されたんですよ。ちなみに、この首輪は僕が通っている歌舞伎町の『緊縛初級講座』の師匠に、自らわざわざ借りに行ったんです。実際にM女M男がつけているものなので、血と汗と涙といろいろな体液が染み込んでいる、実に念のこもったシロモノなんです。それを着用した写真が、自分の本の表紙になるなんて、最高じゃないですか！　コーディネートはただひとつ、首輪オンリーですからね。こんなにお金かけない表紙、いまだかつてないと思いますよ（笑）。

シルビアには「どんなステキな衣装で出るの？」と聞かれましたが、まさか夫が全裸に首輪ひとつで本の表紙に登場するなんて、きっと思ってもいないはず……。シルビアには「SMの話とかもするの？　大丈夫？」などとも聞かれましたが、そりゃあそうですよ！　この本はとにかく自分を偽らず、さらけ出すって決めて書いているのですから――。

「安心してください、あなただけじゃないんです」

本書は髙嶋政宏の取材を
元にまとめたノンフィクションです。

髙嶋政宏（たかしままさひろ）
1965年10月29日生まれ。東京都出身。87年、映画『トットチャンネル』で俳優デビュー。同作及び映画『BU・SU』での演技により、第11回日本アカデミー賞新人俳優賞、第30回ブルーリボン賞新人賞、第61回キネマ旬報新人男優賞などを受賞。以降、テレビ・映画・舞台と幅広く活躍。近年では、バラエティ番組にも多数出演しており、新しいフィールドを開拓している。

カバー写真　橋本憲和（f-me）
装丁　川谷康久（川谷デザイン）
ヘアメイク　TOYO
スタイリングアドバイス　井嶋一雄
担当マネージャー
小林宏行（東宝芸能）
大図拓也（東宝芸能）

変態紳士

2018年10月20日　初版第一刷発行

著者名　髙嶋《たかしま》政宏《まさひろ》
原稿補助　高田晶子
発行人　角谷　治
発行所　株式会社ぶんか社
〒102-8405　東京都千代田区一番町29-6
電話　03-3222-3693
www.bunkasha.co.jp

印刷・製本　大日本印刷株式会社

定価はカバーに表示してあります。
乱丁・落丁の場合は小社でお取りかえいたします。

ISBN 978-4-8211-4486-0